Arnt Cobbers

Berlin-Geschichte von den Anfängen bis zur Reichsgründung

650 Jahre Politik, Wirtschaft, Kultur

AF203157

Jaron Verlag

Abbildungen
S. 8f.: Rekonstruktion eines bronzezeitlichen Dorfes auf dem Gebiet des heutigen Lichterfelde
S. 22f.: Die Ratmannen von Cölln und Berlin feiern die Vereinigung beider Städte 1307 (Gemälde von G. Bleibtreu, 2. Hälfte des 19. Jh.s)
S. 64f.: Der Blick von Nordwesten auf Berlin zeigt (von links) die „Grotte" im Lustgarten, das Schloss und den Dom (Gemälde von J. Ruijscher, um 1655)
S. 92f.: Der Lustgarten um 1780, gerahmt vom Zeughaus (links) und dem alten Dom, im Hintergrund die Marienkirche (Stich von J. G. Rosenberg, 1780)
S. 144f.: Der Platz vor der Neuen Wache mit dem Denkmal des Generals Scharnhorst im Jahre 1849 (Gemälde von E. Gaertner)
S. 184f.: Barockes Straßentreiben auf dem Mühlendamm zwischen Berlin und Cölln (Zeichnung von J. Stridbeck, 1690)

Originalausgabe
1. Auflage 2021
© 2021 Jaron Verlag GmbH, Berlin
www.jaron-verlag.de
Umschlaggestaltung: Bauer+Möhring, Berlin, unter Verwendung eines Bildes von Eduard Gaertner (1849)
Satz und Layout: Prill Partners | producing, Barcelona
Lithografie: Bild1Druck GmbH, Berlin
Druck und Bindung: Westermann Druck Zwickau GmbH, Zwickau

ISBN 978-3-89773-436-4

(Dieses Werk basiert auf dem Buch „Kleine Berlin-Geschichte" von Arnt Cobbers, erweiterte Neuausgabe 2012.)

Inhalt

Vorwort

Seit ihrem ersten Erscheinen im Jahr 2005 hat sich die „Kleine Berlin-Geschichte" zu einem Dauerbrenner entwickelt. Zwei Neuauflagen hat sie seitdem erlebt – und eine Erweiterung um zahlreiche Bilder zur groß-formatigen „großen" Berlin-Geschichte. Nun nehmen wir die nächste Neuauflage zum Anlass, den Text nicht nur zu aktualisieren, sondern noch einmal zu erweitern und großzügig zu bebildern. Neu hinzugekommen sind auch die Zeitleisten, die zu Beginn eines jeden Großkapitels einen kurzen Überblick über die folgende Epoche geben.

Damit die über achthundertjährige Geschichte Berlins aber weiterhin ins handliche Taschenbuchformat passt, haben wir sie in zwei Bände unterteilt. Das war nicht einfach, wie es ja überhaupt ein diskussions-würdiges Unterfangen ist, die Geschichte in separate Epochen zu un-terteilen. Zwar weist jede Geschichte, auch die der Stadt Berlin, immer wieder Brüche und radikale Wendepunkte auf. Doch diese Wendepunkte werden oft erst im Nachhinein, aus zeitlicher Ferne als gravierend wahr-genommen. Für die Zeitgenossen ging das Leben weiter, es änderte sich in vielen Bereichen erst einmal nichts. Besonders wenn man sich nicht nur auf die politische Ereignisgeschichte konzentriert, wie es die Geschichtsforschung früher meist tat, sondern den Blick auch auf Kultur, Wirtschaft, Ideen und Soziales weitet, erweisen sich zahlreiche schein-bar unstrittige Zäsuren als weit weniger durchgreifend. Und je genauer man hinschaut, desto mehr Wendpunkte findet man in der Kultur-, der Wirtschafts-, der Sozial- und der Ideengeschichte, die oft nicht zusam-menfallen mit politisch einschneidenden Ereignissen.

Dennoch: Eine achthundertjährige Geschichte, zu der ja auch noch eine lange, nur wenig erhellte Vorgeschichte gehört, in einem Fluss ohne Zäsuren zu erzählen, wäre ein Unding. Der Mensch braucht über-schaubare Abschnitte, er braucht Landmarken und Haltepunkte, an denen er sein historisches Denken festmachen kann. So ist auch diese Berlin-Geschichte in Groß- und Unterkapitel gegliedert. Das Jahr 1871 markiert hierbei den Abschluss des ersten Bandes und den Beginn des zweiten.

Die Wahl liegt nahe, denn im Januar des Jahres 1871 wurde die preu-ßische Hauptstadt zur Hauptstadt des neu gegründeten Deutschen

Er ist der berühmteste unter den Kurfürsten und Königen, die in Berlin residiert haben: Friedrich II., der Große (Gemälde von Ch.-A.-Ph. van Loo, um 1765)

Reiches. Binnen weniger Jahre wurde Berlin zu einem so bedeutenden internationalen Machtzentrum wie nie zuvor. Und das hatte Auswirkungen auf das Leben in der Stadt, auf die Mentalität ihrer Einwohner, auf das äußere Bild Berlins, das nun rasant mit seinem Umland zu einer der größten Städte der Welt zusammenwuchs. Kurz, Berlin wurde Weltstadt.

In diesem ersten Band wird nun die Zeit bis 1871 behandelt. Fast siebenhundert Jahre liegen zwischen der Entstehung Berlins und seiner Erhöhung zur Reichshauptstadt: von den Anfängen als Doppelsiedlung an der Spree bis hin zur Fast-Millionenstadt, in der schon 1871 kaum noch etwas an die mittelalterlichen Anfänge erinnerte. Viel ist passiert in diesen siebenhundert Jahren, in denen Berlin mit seiner Schwesterstadt Cölln zur wohlhabendsten und wichtigsten Kaufmannsstadt der Mark Brandenburg wurde, dann zur beschaulichen Residenzstadt und schließlich zur Hauptstadt einer europäischen Großmacht, die bedeutende Künstler und Philosophen aus ganz Europa anzog und zugleich zur Wirtschaftsmetropole Mitteleuropas heranwuchs.

Das war beileibe kein geradliniger Weg. Berlin wurde – lange vor dem 20. Jahrhundert – im Krieg zerstört und wiederaufgebaut, von fremden Truppen besetzt und wieder souverän, wurde durch die Pest entvölkert und nahm viele Menschen aus fremden Kulturen auf. Es ist eine spannende Geschichte, die Berlin bereits 1871 hinter sich hatte. Und vieles von dem, was bis dahin geschah, prägt die Stadt bis heute.

Die Vorgeschichte

Berlin ist vermutlich über achthundert Jahre alt. Ganz genau weiß man das nicht, denn die meisten alten Urkunden sind verbrannt. Aus Grabungen und Bauuntersuchungen kann man jedoch die Frühgeschichte der Stadt gut erschließen. Die großen 750-Jahr-Feiern Berlins im Jahre 1987 verdanken sich jedenfalls allein einem zufällig erhaltenen Dokument. Älter noch als Berlin sind Spandau und Köpenick, zwei Städte, die schon in slawischer Zeit entstanden. Und über tausend Bodenfunde belegen, dass die Berliner Siedlungsgeschichte noch viel weiter zurückreicht.

Stein-, Bronze- und Eisenzeit

Wohl sechs Mal wurde Nord- und Mitteleuropa unter gewaltigen Eismassen begraben. Das kilometerdicke Eis vernichtete alles Leben, das dann in den Zwischeneis- oder Warmzeiten umso üppiger wieder aufblühte. Die ältesten Zeugnisse menschlichen Lebens im Berliner Raum stammen aus der letzten Zwischeneiszeit. Vor etwa fünfzig- bis sechzig-

Die Lage der mittelalterlichen Städte Spandau, Berlin, Cölln und Köpenick im Spreetal zwischen den Hochebenen Teltow und Barnim

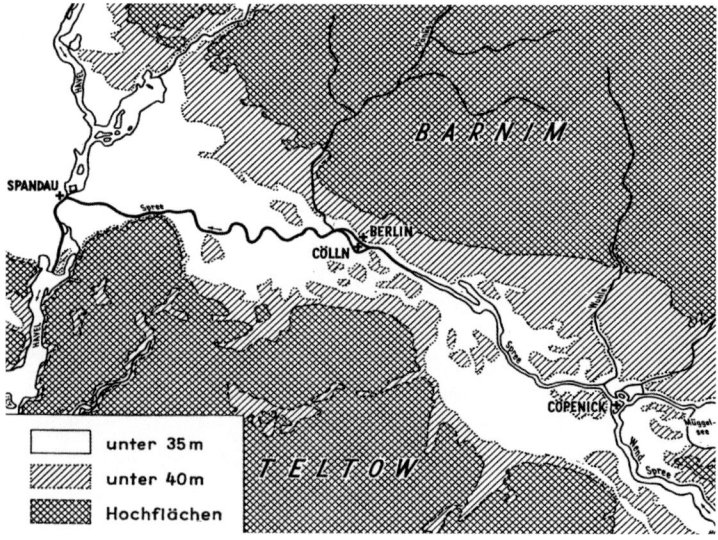

tausend Jahren hinterließen Urmenschen im heutigen Hohenschönhausen eine Feuersteinklinge, in Schulzendorf bei Königs Wusterhausen weitere Feuersteingeräte, in Treuenbrietzen einen Faustkeil.

Das heutige Bodenrelief entstand mit dem letzten Abschmelzen der Gletscher, das vor rund zwanzigtausend Jahren einsetzte. Die Schmelzwässer gruben sogenannte Urstromtäler in den Boden. Eines von ihnen ist das Berliner Urstromtal, durch das heute die Spree fließt. Nach Nordosten wird es von der Hochebene des Barnim, nach Südwesten von der Hochfläche des Teltow begrenzt. Die Hochflächen steigen bis zu 60 Meter über dem Meeresspiegel an, die Spreeniederung liegt auf einer Höhe von rund 35 Metern. Die höchsten natürlichen Erhebungen, die Müggelberge im Südosten des Stadtgebiets, ragen 115 Meter hoch auf.

Die letzte, die Weichseleiszeit endete vor rund zehntausend Jahren. Nach dem Abschmelzen des Eises entstand zunächst eine Tundralandschaft, durch die in kleinen Gruppen Rentierjäger zogen. Davon zeugen Einzelfunde im gesamten Berliner Stadtgebiet; am Tegeler Fließ in Reinickendorf wurde sogar ein mehrfach genutzter Rastplatz entdeckt.

Nur die Talsandinseln boten in der Spreeniederung festen Baugrund. Hier entstanden die Siedlungskerne um Marien-, Nikolai- und Petrikirche

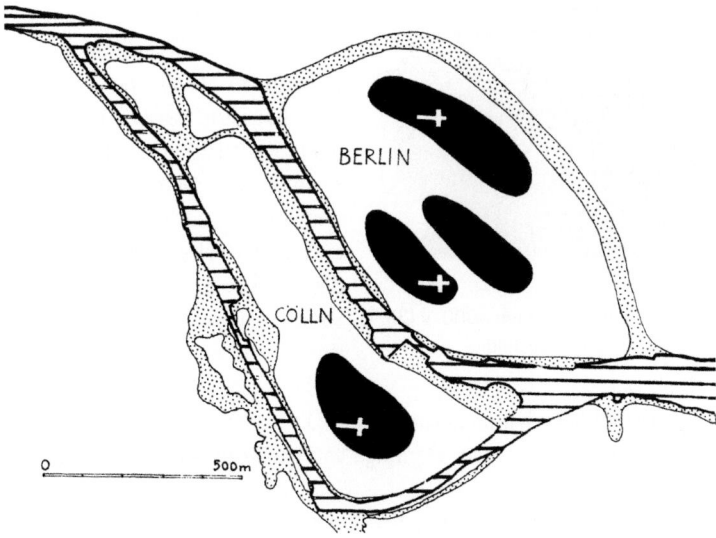

		Burgunden siedeln im Berliner Raum
Aus Siedlern der Jastorfkultur entstehen die germanischen Semnonen		
Siedlungen der Lausitzer Kultur		
vor 600 v. Chr.	**ab 600 v. Chr.**	**2.–6. Jh. n. Chr**

Mit zunehmender Klimaerwärmung begannen auf den Hochflächen dichte Birken- und Kiefernwälder zu wachsen, später, als es um 5000 v. Chr. feuchter wurde, auch Eichenmischwälder. In den Niederungen der Flussläufe entstanden Moore und Erlenwälder. An die Stelle der arktischen Tierarten traten Hirsch, Elch, Reh und Wildschwein, und so waren die Jäger nicht mehr gezwungen, mit ihren Beutetieren mitzuziehen.

Die Menschen nutzten nun als Jäger, Sammler und Fischer für längere Zeiten ihre Rastplätze längs der Flussläufe, wo sie vor allem Feuersteingeräte hinterließen. Die ersten Gefäße aus Keramik stammen aus dem

Amphore aus der Zeit um 3000 v. Chr., gefunden in Friedrichsfelde

4. Jahrtausend v. Chr., ebenso die ältesten Menschenfunde auf Berliner Boden: drei Bestattungen auf dem Gebiet von Schmöckwitz.

Wirklich sesshaft wurden die Menschen erst, als sich im 4. Jahrtausend an Havel und Spree der Ackerbau durchsetzte. Die Bauern der jüngeren Steinzeit zogen Nutzpflanzen wie Gerste, Rispenhirse und Weizen, züchteten Haustiere und entwickelten Techniken wie das Töpfern, Spinnen, Weben und Steinschleifen. Auf dem Gebiet der Britzer Hufeisensiedlung wurde 1932–34 ein Dorf der sogenannten Trichterbecherkultur ausgegraben. Die meisten jungsteinzeitlichen Funde in Berlin stammen allerdings von der Kugelamphorenkultur um 2000 v. Chr.

Etwa um diese Zeit lernten die Menschen, sich aus Bronzeguss – einer

Einwanderung der Slawen	An der Spreemündung und auf der heutigen Schlossinsel Köpenick entstehen erste Burgen		In Brandenburg entstehen Städte und ein dichtes Netz von Dörfern mit deutschen Siedlern	
	Albrecht der Bär erobert endgültig die Mark Brandenburg und wird zum Markgrafen			
7. Jh.	9. Jh.	1100	1157	1200	bis 1300

Legierung aus Kupfer und Zinn – Waffen und Werkzeug, Nutzgegenstände und Schmuck zu fertigen: Es begann die Bronzezeit. Rund zweihundert bronzezeitliche Fundstellen zeigen, dass die Besiedlung an Havel und Spree nun dichter wurde: Etwa tausend Menschen verteilten sich auf rund fünfzig Siedlungen, die zumeist der „Lausitzer Kultur", teilweise aber auch der „Nordischen Bronzezeit" angehörten.

Doppelhenkeliges Trinkgefäß aus der frühen Bronzezeit

Beim Bau des Universitätsklinikums Lichterfelde wurde im Jahr 1955 ein bronzezeitliches Dorf mit sieben oder acht rechteckigen Häusern entdeckt, die um einen Dorfplatz gruppiert waren. Die Pfostenhäuser hatten lehmverkleidete Wände und mit Schilf oder Stroh gedeckte Dächer. Beim Bau des Klinikums Buch wurde 1910–14 sogar ein Dorf mit fast hundert Bauten freigelegt.

Gegen Ende der Bronzezeit, die etwa 600 v. Chr. von der Eisenzeit abgelöst wurde, sorgte feuchteres und kühleres Klima für ein erneutes

Geografische Grunddaten Berlins

Das heutige Stadtgebiet Berlins zählt 62 Seen, die größten sind der Große Müggelsee (766 ha), der Tegeler See (380 ha), der Seddinsee (367 ha), der Lange See (300 ha), der Große Wannsee (274 ha) und der Zeuthener See (233 ha). 189 Flüsse, Kanäle und Wasserarme durchziehen Berlin, darunter die drei schiffbaren Flüsse Havel, Spree (die bei Spandau in die Havel mündet) und Dahme (die bei Köpenick in die Spree mündet).

Ausbreiten der Wälder. Die „Lausitzer" verließen viele Dörfer, und ihnen folgten Menschen der „Jastorfkultur" (benannt nach einem Fundort im Kreis Uelzen), aus denen sich die Germanen entwickelten. Im Gebiet von Mittelelbe und Havel bildete sich der Stamm der Semnonen, die Tacitus 98 n. Chr. in seiner „Germania" erwähnt und die anscheinend als die ältesten und vornehmsten unter den Suebenstämmen galten. Als auch sie gegen Ende des 2. Jahrhunderts n. Chr. den Berliner Raum wieder verließen, wanderten ostgermanische Burgunden nach.

Die Germanen mieden das hochwassergefährdete Urstromtal und siedelten stattdessen auf den Hochflächen. Mit der Zeit entwickelten sie einen neuen Wohnhaustyp: das Langhaus, das auf einer Länge von bis zu 30 Metern Wohnraum und Stall unter einem Dach verband. Ein germanisches Gehöft aus der Zeit um 200 n. Chr. hat man hinter dem Heimatmuseum Reinickendorf (in Hermsdorf) in originaler Größe nachgebaut. Weitere germanische Siedlungen wurden in Rudow, Lübars, Marzahn und Kaulsdorf ergraben. Die Germanen waren vor allem Bauern, doch gab es bereits deutliche soziale Unterschiede, wie einige reiche Gräber beweisen. Die Schriftquellen nennen Könige und Fürsten, den Adel und Abhängige, aber auch demokratische Volksversammlungen.

Der berühmte Berliner Goldhut aus der späten Bronzezeit

Im Zuge der Völkerwanderung verließen die Germanen größtenteils die Region, für sie rückten nun von Osten her Slawen nach. Die wenigen verbliebenen Germanen gingen vermutlich friedlich in der slawischen Bevölkerung auf. Die Namen Havel und Spree jedenfalls übernahmen die Slawen von den Germanen.

Die slawische Zeit

Auf dem Gebiet des heutigen Berlin siedelten zwei slawische Stämme, die zum Stammesverbund der Lutizen gehörten. Die Heveller ließen sich an den Flussläufen und Seen des Havellandes bis hinauf zum Tegeler See und zum Rhinluch nieder. Ihr Hauptort war die Brennaburg auf der heutigen Dominsel Brandenburg. Ein breiter Waldgürtel trennte ihr Siedlungsgebiet von dem der Sprewanen im Osten, deren Zentrum Köpenick bildete. Wohl um 850 entstand hier auf der heutigen Schlossinsel, strategisch günstig am Zusammenfluss von Spree und Dahme, ebenfalls eine Burg.

Nahe der Mündung der Spree in die Havel errichteten die Heveller im 9. Jahrhundert eine Burg, in deren Schatten sich rasch eine große befestigte Siedlung entwickelte – der Vorgänger des heutigen Spandau. Der Ort diente zunächst der Sicherung des Hevellergebiets nach Osten hin, doch wandelte sich die bäuerliche Siedlung aufgrund der günstigen Verkehrslage rasch in einen Kaufmannsort von frühstädtischem Charakter. Spandau und Köpenick waren durch eine wichtige Handelsstraße, die nördlich der Spree verlief, miteinander verbunden.

Slawische Kultfigur in Bronze aus dem 11./12. Jh.

Wie die ländlichen Slawensiedlungen aussahen, zeigen zwei Ausgrabungen: In Mahlsdorf entdeckte man ein Haufendorf mit sechs, in Kaulsdorf eines mit vier Gehöften, für achtzig bis hundert Bewohner. Beide Siedlungen wurden durch Brände zerstört.

Schriftliche Quellen haben die slawischen Stämme selbst zwar nicht hinterlassen. Im 10. Jahrhundert tauchen sie jedoch als Objekte der sächsisch-deutschen Geschichte auf. Im Winter 928/29 führte Heinrich I., Herzog von Sachsen und seit 919 deutscher König, ein Heer gegen die Heveller, eroberte die Brennaburg und schlug bei Lenzen an der Elbe ein großes slawisches Heer. Entlang der Elbe ließ er Burgen neu oder wieder errichten, beispielsweise in Tangermünde, Arneburg und Werben.

Otto I. (der Große), seit 936 deutscher König, seit 962 römischer Kaiser, setzte die Ostpolitik seines Vaters fort. Er teilte das Gebiet zwischen Elbe und Oder in Marken (Grenzlande) ein, die von Grafen verwaltet wurden, und förderte die Missionierung der Heiden. Hauptausgangspunkt wurde der Bischofssitz Magdeburg, der 968 zum Erzbistum aufgewertet wurde. 946 gründete Otto das Missionsbistum Havelberg, 948 das Bistum Brandenburg.

Radegast, ältester bekannter Gott der Slawen im Berliner Gebiet

Der große Slawenaufstand von 983 setzte der Herrschaft des Königs jedoch vorerst ein Ende. Die Anfänge der deutschen Besiedlung wurden gestoppt, die Markgrafen zogen sich auf ihre Güter westlich der Elbe zurück, und auch die Bischöfe von Brandenburg und Havelberg residierten fortan im Exil, meist in Magdeburg. Einzig im Gebiet der Mark Meißen konnte sich die deutsche Herrschaft behaupten. Allerdings war die Grenze, vor allem der Kultur, nie undurchlässig. Auch im 11. Jahrhundert standen einige slawische Siedlungen östlich der Elbe unter markgräflichem Schutz; auf befestigten Herrenhöfen siedelten ritterliche Dienstmannen der Markgrafen, die sich im Laufe der Zeit mit dem slawischen Adel vermischten.

Ein neuer Impuls ging vom sächsischen Herzog (seit 1106) und deutschen König (1125–37) Lothar von Süpplingenburg aus. Nach ersten Missionserfolgen – die slawischen Fürsten Wirikind von Havelberg und Pribislaw-Heinrich von Brandenburg ließen sich taufen – belehnte er den Wettiner Konrad 1123 mit der Mark Meißen und später der Niederlausitz, 1134 den Askanier Albrecht den Bären mit der benachbarten Nordmark. Albrecht hatte zwischen 1127 und 1130 vom kinderlosen Fürst Pribislaw-Heinrich die Zauche (das Gebiet um Kloster Lehnin) als Patengeschenk für seinen Sohn Otto erhalten. Später machte ihn Pribislaw-Heinrich gar zu seinem Erben. Im Gegenzug hatte sich Albrecht vermutlich dafür eingesetzt, dass Pribislaw-Heinrich als eine Art Lehnskönig des deutschen Königs unbehelligt regieren konnte.

Markgraf Otto I. von Brandenburg auf einer Silbermünze des 12. Jh.s

1136 unternahm Albrecht einen ersten Kriegszug in die Prignitz, dem ab 1147 ein zweiter, wesentlich schlagkräftigerer folgte. Dabei zogen neben Albrecht weitere Edel- und Lehnsleute, aber auch Mannen der Bischöfe ins Feld, die bei der späteren Verteilung der großen Ländereien nicht leer ausgehen sollten.

Die Askanier

Die Askanier sind ein ursprünglich alemannisch-fränkisches Adelsgeschlecht, das sich im 9. oder 10. Jahrhundert nördlich des Harzes ansiedelte. Anfangs nannte die Familie sich nach der Stammburg Ballenstedt, „Askanier" leitet sich vom späteren Burgsitz Ascharia / Aschersleben ab. Mit Tatkraft und geschickter Heiratspolitik konnte sich die Familie rasch eine wichtige Position in den östlichen Gebieten des Reiches sichern. Albrecht der Bär, seit 1157 Markgraf von Brandenburg, gilt als Stammvater aller späteren Askanier.

Im Gegensatz zu anderen Fürstengeschlechtern teilten die Askanier ihre Herrschaftsgebiete unter den Söhnen auf, was zur Zersplitterung der Familie in viele Linien führte. Die brandenburgische Linie starb 1320 aus, die Linie Sachsen-Wittenberg (Kurfürsten) 1422, die Linie Sachsen-Lauenburg 1689.

Bis heute überlebt hat die anhaltische Linie, die zwischenzeitlich stark zersplittert war (Aschersleben, Bernburg, Köthen, Zerbst, Dessau u. a.) und bis 1918 das Herzogtum Anhalt regierte.

Die berühmteste Askanierin der letzten Jahrhunderte war sicherlich die russische Zarin Katharina II., geborene Prinzessin Sophie Friederike von Anhalt-Zerbst (1729–96).

Als Pribislaw-Heinrich 1150 starb, besetzte Albrecht mit seinem Gefolge die Brandenburg. Zwar wurde er 1153 noch einmal vom Sprewanenfürsten Jaxa (oder Jacza) von Köpenick vertrieben, doch konnte Albrecht 1157 das Zentrum der Heveller endgültig einnehmen. Das Datum seines feierlichen Wiedereinzugs in die Burg, der 11. Juni 1157, gilt als Geburtsstunde der Mark Brandenburg. Seitdem trugen Albrecht und sein Sohn Otto den Titel des „Markgraf von Brandenburg".

Die mittelalterlichen Dörfer im heutigen Berlin, mit dem Jahr ihrer Ersterwähnung

(im Uhrzeigersinn)	Biesdorf 1375	Giesensdorf 1299
Pankow 1370	Kaulsdorf 1347	Lichterfelde 1375
Niederschönhausen 1375	Mahlsdorf 1345	Wilmersdorf 1293
	Friedrichsfelde 1288	Schmargendorf 1364
Rosenthal 1375	Stralau 1261	Dahlem 1375
Blankenfelde 1375	Rahnsdorf 1375	Zehlendorf 1242
Buchholz 1242	Alt-Glienicke 1375	Schönow 1299
Heinersdorf 1390	Bohnsdorf 1375	Stolpe 1289
Blankenburg 1375	Schmöckwitz 1375	Kladow 1375
Karow 1375	Rixdorf 1360	Gatow 1272
Buch 1375	Britz 1375	Pichelsdorf 1375
Weißensee 1313	Buckow 1375	Staaken 1295
Malchow 1344	Rudow 1373	Wedding 1251
Wartenberg 1375	Tempelhof 1290	Reinickendorf 1375
Falkenberg 1370	Mariendorf 1337	Dalldorf (Wittenau) 1351
Hohenschönhausen 1375	Marienfelde 1344	
	Lichtenrade 1375	Tegel 1322
Lichtenberg 1364	Schöneberg 1264	Heiligensee 1313
Marzahn 1300	Steglitz 1375	Hermsdorf 1369
Hellersdorf 1375	Lankwitz 1239	Lübars 1375

So stellte man sich im 19. Jh. die Rückeroberung der Brandenburg durch Markgraf Albrecht der Bär im Jahre 1157 vor (Lithografie von Menzel)

In den nächsten hundert Jahren gelang Albrecht und seinen Nachfolgern (wie auch anderen Landesherren) eine entscheidende Wandlung ihrer Rechtsstellung: Übten sie ihr Markgrafenamt zunächst nur in Vertretung ihres Lehnsherrn, des Königs, aus, so wurden sie bis etwa 1250 selbst zu unabhängigen Landesherren mit eigener Lehnshoheit. Hierin liegt die spätere politische Zersplitterung des Reiches begründet: Einem schwachen deutschen König und Kaiser standen starke Territorialfürsten gegenüber. Die sieben mächtigsten von ihnen wählten (kürten) den König, und einer dieser Kurfürsten war der Markgraf von Brandenburg.

Neben der politischen und der kirchlichen Bedeutung war der wohl wichtigste Aspekt des Zuges nach Osten ein ganz anderer: Gemessen am damaligen Stand der Landwirtschaft, war das Reich sehr dicht besiedelt, und daher wollte man im Osten neue Siedlungsgebiete erschließen.

(Aus den gleichen Gründen trieb es zur selben Zeit die Wikinger aus Skandinavien in alle Welt.) In den eroberten Gebieten lebten nur wenige Menschen, manche Landstriche waren gar menschenleer.

Den neuen Landesherren war nun wieder daran gelegen, viele Menschen ins Land zu holen, um möglichst viele Steuern und Abgaben eintreiben zu können. Dazu setzten die Landesherren und die von ihnen abhängigen Grundherren – am Eroberungszug beteiligte Ritter oder

Köpenick

Die erste Burg Köpenick, wohl eine kleine Wallanlage, entstand im 9. Jahrhundert auf der heutigen Schlossinsel. Vermutlich bereits im 11. und 12. Jahrhundert nahm eine befestigte Siedlung die ganze Insel ein. Köpenick war spätestens jetzt das politische Zentrum der Sprewanen, der Köpenicker Fürst Jaxa konnte immerhin Albrecht den Bären 1153 für vier Jahre aus der Brandenburg vertreiben. Die Herrschaftsverhältnisse der folgenden Jahre sind verworren. 1245 wird ein Burgvogt der Askanier in Köpenick erwähnt. In dieser Zeit dürften auch die ersten Häuser auf der heutigen Altstadtinsel nördlich der Burg (und getrennt von ihr durch einen allmählich verlandenden Dahmearm) entstanden sein, zudem gab es eine slawische Fischersiedlung, den Kietz. Die kleine Siedlung um die Pfarrkiche St. Laurentius wird 1298 oppidum (Kleinstadt), 1325 civitas (Bürgerschaft) genannt. Seit mindestens 1381 gab es eine städtische Ratsverfassung. 1387 kam die Stadt in den Pfandbesitz Berlins, seit 1413 befand sie sich im Besitz der Hohenzollern. Als erste Handwerker-Innung wird im 15. Jahrhundert interessanterweise die der Imker genannt, erst im 16. Jahrhundert folgen Leineweber, Schuster und Bäcker. 1558 begann Kurfürst Joachim II. den Bau eines stattlichen Jagdschlosses, in dessen Schatten man auf einem Merian-Stich von 1652 eine kleine Siedlung sieht, die rund hundert Häuser umfasst haben dürfte. 1677–81 entstand das heutige Barockschloss als Sommerresidenz des Kurprinzen, in dessen Wappensaal 1730 das hohenzollernsche Familiengericht über Kronprinz Friedrich und seinen Freund Leutnant Katte tagte. Mit dem Eisenbahnanschluss 1843 begannen begüterte Berliner das Gebiet um Köpenick als Sommerfrische zu entdecken. Nun entstanden die Vorstädte rings um die Altstadt. Weil spreeaufwärts am noch sauberen Flusswasser gelegen, entwickelte sich Köpenick in jenen Jahren zur „Waschküche Berlins". 1885 zählte man zweihundert selbstständige Wäschereibetriebe. Neben der 1873 vom Berliner Carl Spindler gegründeten Großwäscherei entwickelte sich sogar ein eigener Stadtteil, Spindlersfeld. Die Berliner Industrieanlagen kamen Köpenick spreeaufwärts immer näher, der Anteil der Arbeiter an der Bevölkerung stieg rasant. Bei der Eingemeindung der Stadt nach Berlin hatte Köpenick 1920 rund 34 400 Einwohner.

slawische Adlige – Siedlungsunternehmer ein. Diese sogenannten Lokatoren riefen Bauern aus dem Westen des Reiches herbei und bauten Dörfer und Städte auf. Ihr Lohn war in der Regel das Schultheißenamt, das ihnen Abgaben der Bewohner und damit ein gutes Einkommen sicherte.

Bis etwa 1300 entstand ein dichtes Netz von Dörfern, die zumeist als Straßen- oder Angerdörfer angelegt wurden – mit dem Dorfteich und der Kirche als einzigem Steinbau im Zentrum. Viele Berliner Stadtteile sind aus mittelalterlichen Dörfern hervorgegangen und zeigen noch heute das typische Schema, auch wenn sie ihren dörflichen Charakter längst verloren haben, wie Schöneberg, Reinickendorf oder Lichtenberg.

Selbst in Gebiete, die noch nicht unter deutscher Herrschaft standen (wie der Barnim bis etwa 1250), trieb es Siedler vor allem aus der Harzregion, dem Rheinland, aus Flandern und Westfalen. Schätzungsweise 2500 neue Dörfer und hundert neue Städte entstanden, rund zweihunderttausend Menschen dürften zwi-

Alltagskultur aus slawischer Zeit: Daubeneimer und Schöpfkellen

schen 1134, der Belehnung Albrechts des Bären, und 1320 in die neuen Siedlungsgebiete gekommen sein. Zahlreiche Dörfer wurden bereits nach wenigen Jahrzehnten wieder aufgegeben, so das seit 1975 als Museumsdorf rekonstruierte Düppel. Die slawische Bevölkerung wurde rasch assimiliert, aber nicht verdrängt. Denn das Land bot Alt- und Neusiedlern genügend Raum. Zudem wurden den Slawen beim Landesausbau die gleichen Rechte und Privilegien eingeräumt wie den zuziehenden Deutschen. Binnen weniger Jahrzehnte wurde die Region zwischen Elbe und Oder rein (nieder-)deutschsprachig; nur in der Lausitz hielten sich – vereinzelt bis heute – slawische Sprachinseln.

1200–1448
Die Handelsstadt
im Mittelalter

Die „Gründung" der Doppelstadt Berlin-Cölln: Vom Marktflecken zur Stadt

Um die früheste Geschichte der Stadt Berlin zu rekonstruieren, muss man sich auf Spurensuche in den Quellen begeben. In der um 1280 geschriebenen Chronik der brandenburgischen Markgrafen heißt es, die Markgrafenbrüder Johann I. und Otto III., die von 1225 bis 1266 gemeinsam regierten, hätten Strausberg, Frankfurt (Oder), Angermünde, Liebenwalde, Stargard, Neubrandenburg, Berlin und zahlreiche weitere Städte „erbaut" (extruxerunt).

Während die Urkunde zur Stadtrechtsverleihung an Spandau vom 7. März 1232 erhalten ist, gibt es kein vergleichbares Dokument zu Berlin. Als „Stadt" (civitas) wird Berlin erstmals 1251 urkundlich genannt, die Schwesterstadt Cölln erst zehn Jahre später. Beide Städtenamen tauchen jedoch schon früher auf: Unter einem Vertrag zwischen dem Bischof von Brandenburg und den Markgrafen vom 28. Oktober 1237 erscheint als Zeuge ein „Symeon, Pfarrer von Cölln" (plebanus de Colonia). Derselbe Symeon wird in einer Urkunde vom Januar 1244 als Propst von Berlin genannt. Das heißt: 1244 war Berlin bereits der Mittelpunkt eines größeren kirchlichen Verwaltungsbezirks, eines Archidiakonats.

Die erste Erwähnung Berlins auf einer Urkunde von 1244

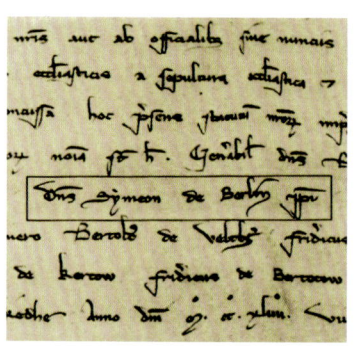

1251 wird den Bürgern von Prenzlau die gleiche Zollfreiheit gewährt wie den Brandenburgern und den Berlinern. 1253 erhält Frankfurt (Oder) von den Markgrafen das Stadtrecht nach dem Vorbild Berlins. Berlin muss also, wenn es als Vorbild dieser ambitionierten neuen Stadtgründung diente, bereits ein bedeutender Handelsplatz gewesen sein.

Interessant ist nun, dass in Frankfurt keine neue Stadt entstand. Die brandenburgischen Markgrafen, die das Land Lebus 1253 vom Herzog

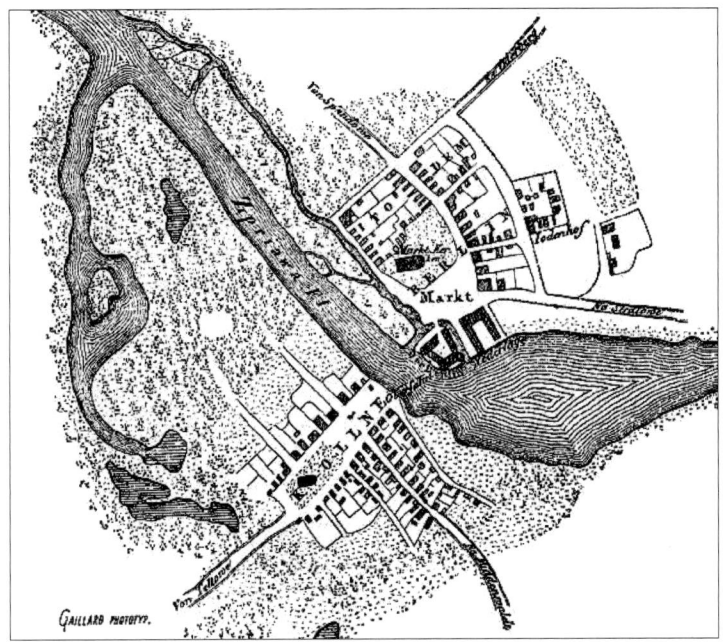

Die Siedlungen Berlin und Cölln um 1230 (Rekonstruktion von K.F. Klöden, um 1840)

von Schlesien übernahmen, erweiterten vielmehr einen älteren Marktort – mit der Nikolaikirche – um ein Vielfaches. Die Neustadt erhielt ein planmäßiges Straßenraster, im Zentrum entstanden der Marktplatz und die Marienkirche. Auch Brandenburg / Havel und Jüterbog entwickelten sich aus kleineren Marktorten, die aber schon dem Fernhandel dienten.

Ein Blick auf den Stadtplan des alten Berlin lässt vermuten, dass die Entwicklung hier ebenso verlief: Die kleinen, unregelmäßigen Gassen des Nikolaiviertels stehen und standen in auffälligem Gegensatz zum planmäßigen Schema der übrigen Stadtviertel, deren Zentrum der Neue Markt vor der Marienkirche bildete.

Betrachten wir nun die Ergebnisse der archäologischen Untersuchungen: Der Unterbau des Turmmassivs an der Nikolaikirche stammt noch vom ersten romanischen Kirchenbau, dessen Grundriss man durch Ausgrabungen rekonstruieren konnte. Baustil, Baumaterial und die Mauer-

Berlin wird zum ersten Mal in einer Urkunde erwähnt

Cölln wird erstmals in einer
Urkunde genannt

Berlin und Cölln
schließen sich
zu einer „Union"
zusammen

Spandau wird zur Stadt erhoben

1232   1237   1244   1307

technik datieren diesen ersten steinernen Kirchenbau eindeutig in die erste Hälfte des 13. Jahrhunderts. Das Gleiche gilt für die erste Petrikirche, die Pfarrkirche Cöllns. Unter beiden romanischen Bauten fand man jedoch die Reste älterer Friedhöfe. Einige Gräber werden von den Fundamenten der romanischen Kirchen überschnitten, was zeigt, dass beide Friedhöfe definitiv älter sind als die romanischen Kirchen. Die Toten liegen in Holzsärgen mit dem Kopf nach Westen und „schauen" nach Osten, sie waren also Christen. Am Ort der Nikolai-

Die Kirche St. Nikolai (Gemälde von J. H. Hintze, 1827)

kirche hat man über neunzig Grabstätten gefunden, was hochgerechnet auf das gesamte Friedhofsareal eine Gesamtzahl von 150 bis 200 Gräbern ergibt. Legt man nun die damalige Lebenserwartung und eine durch Vergleich mit anderen Städten ermittelte Bevölkerungszahl von zweihundert für das Gebiet der frühen Nikolaisiedlung zugrunde, so darf man den Beginn der ältesten Siedlung Berlins für das Ende des 12. Jahrhunderts vermuten. Zur gleichen Zeit dürfte Cölln auf einer Spreeinsel gegründet worden sein. Das deckt sich mit den Ergebnissen der Ausgrabungen, die seit den 1990er-Jahren unternommen wurden. Im Bereich des alten Cölln fand man Balken und Holzreste, die dendrochronologisch auf die Zeit um 1200 datiert werden konnten.

Wichtig ist weiterhin: Kein einziger Fund deutet auf eine direkt voran-

Die Pest bricht in Deutsch-land aus und wütet in den folgenden Jahrhunderten immer wieder in Berlin	Zusammenschluss Berlins und Cöllns
	Unterwerfung Berlins und Cöllns durch den neuen Kurfürsten
Große Stadtbrände	Die Erhebung der Städter im „Berliner Unwillen" gegen den Kurfürsten scheitert

| 1349 | 1376/80 | 1432 | 1442 | 1448 |

gehende slawische Siedlung hin. Wie kam die Siedlung aber dann zu ihrem slawischen Namen „Berlin"? Nicht ganz sicher, aber sehr plausibel ist die Ableitung von brlo/berlo, was verbunden mit der Endung „-in" „Sumpf" bedeutet oder auch „trockene Stelle in einem Feuchtgebiet". Dafür spricht auch, dass der Name in Urkunden immer wieder mit Artikel („der Berlin") erscheint. Auch wenn es keine slawische Vorgänger-siedlung gab, so muss es doch Slawen gegeben haben, die den Gelände-namen an die deutschen Siedler weitergaben. Mit „Bär" hat der Name ganz sicher nichts zu tun, anders als bei Bärwalde oder Bä-rendorf. Dass 1280 der Bär im Stadtsiegel auftaucht, zeigt nur, dass die Berliner schon damals nicht mehr den Ursprung ihres Stadtnamens kannten. Gleiches gilt für Jüterbog, dessen slawischer Name nichts mit dem Ziegenbock im Stadtsiegel zu tun hat.

Stadtsiegel von 1280 („Ich bin das Siegel der Bürger von Berlin")

Anders liegt die Sache beim Namen Cölln (oder Kölln). Dass man oft die lateinische Form Colonia benutzte, spricht entschieden ge-gen einen slawischen Ursprung. Vermutlich ist der Name von Köln am Rhein übernommen, Heimatstadt vielleicht der ersten Siedler. So könnte sich auch die Patronatswahl der Pfarrkirche erklären: Der Kölner Dom ist ebenso St. Petri geweiht (allerdings auch die Bischofskirche in Branden-burg / Havel).

So muss man den Schluss ziehen: Berlin und Cölln entstanden im Zuge des allgemeinen Landausbaus als Siedlungen „auf der grünen

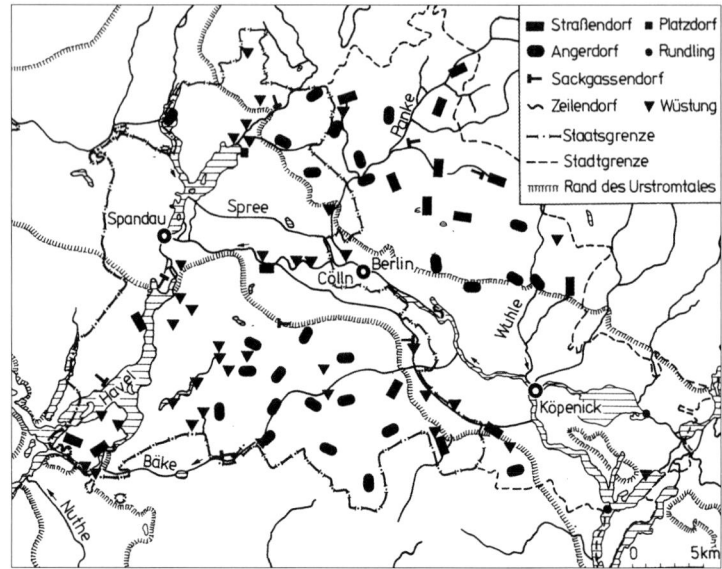

Die im Mittelalter bestehenden Dörfer auf dem heutigen Gebiet der Stadt Berlin

Wiese" – und zwar in bester Lage. Hier nämlich verengt sich das Urstromtal zwischen Barnim und Teltow auf wenige Kilometer. Talsandinseln ermöglichten den Übergang durch die sumpfige Spreeniederung und boten sicheren Baugrund. Vermutlich waren es zunächst Rastplätze beiderseits des Flusses, die Brückenköpfe eines Knüppeldamms, aus denen kleine Ansiedlungen von Händlern und Handwerkern erwuchsen: auf einer Talsandinsel links der Hauptspree Cölln, am rechten Ufer Berlin. Die Plätze beiderseits der Flussquerung, die bald durch eine Brücke gesichert wurde, entwickelten sich zu den Marktplätzen der Siedlungen. In unmittelbarer Nähe errichteten die Siedler ihre ersten Kirchen, in Berlin dem Patron der Kaufleute, St. Nikolai, gewidmet. Als die vornehmsten und ältesten Handwerkszweige Berlins galten später vier Gewerke, die schon früh die Versorgung der durchreisenden Kaufleute gewährleisteten: die Bäcker, die Fleischer, die Schuhmacher und die Schneider.

In der neuen Siedlung kreuzten sich zwei bedeutende Fernstraßen: die von Halle und Leipzig im Südwesten nach Stettin im Nordosten und die

> Da der gesunde Mensch nicht lange Zeit ohne Brot sein kann, es käme denn von Gottes Gnaden, darum haben wir Ratmannen, alte und neue zu Berlin, mit Vollmacht unserer Gemeinde gegeben und geben Gewerk und Gilde den Bäckern, unseren lieben Mitbürgern, dass sie das Gewerk wohl halten sollen, so wie hier geschrieben steht.
>
> Wer das Gewerk gewinnt, der gibt der Stadt zehn Schilling Pfennige, und ihm wird das Gewerk erlaubt, [...] und alle sollen der Stadt gehorsam sein. [...] Die Meister sollen die Stadt nicht ohne Brot lassen. Auch sollen sie die Ratmannen auffordern, dass sie in die Scharren [Verkaufsstände] gehen des Sonntags und des Mittwochs und das Brot besehen. Wäre es nach der Meister eidlicher Erkenntnis und ihrer Aussage des Geldes nicht wert, dann haben wir Macht zu gebieten, dass so viel Brot, als in den Scharren ist, nach den beiden Armenhöfen getragen werde, und für das andere sollen die Meister nach seinem Wert den Preis bestimmen. Ferner soll, wer das Gewerk gewinnt, vor des Meisters Ofen backen, damit man sieht, ob er sein Gewerk kann.
>
> *Aus dem ältesten bekannten Berliner Gildebrief vom 18. Juni 1272, in dem der Berliner Rat den Bäckern das Gilderecht verleiht (Übertragung aus dem Niederdeutschen)*

von Magdeburg im Westen nach Frankfurt im Osten und weiter nach Posen oder Breslau. Zudem gelangte man per Schiff über Spree, Havel und Elbe bequem nach Hamburg. Die Markgrafen dürften das Potenzial des neuen Marktfleckens schnell erkannt und die Siedlung nach Kräften gefördert haben.

Unklar ist, warum zwei Städte entstanden: Berlin und Cölln unterstanden um 1240 einem gemeinsamen Propst und einem Schultheiß, waren aber doch voneinander unabhängig. Die Herrschaftsverhältnisse waren zu dieser Zeit ziemlich verworren. Möglich ist, dass die Markgrafen Cölln als ihre Siedlung förderten, während Berlin am anderen Spreeufer noch im Einflussbereich der Herzöge von Pommern lag. Das Phänomen einer Doppelstadt findet man aber auch in Brandenburg Altstadt und Neu-

Das Siegel der Berliner Bäcker-Innung, 1442

Berlin (rechts) und Cölln (links) um 1250 (idealisierte Ansicht von F. Wittig ∕ E. Müller, 1882)

stadt, und in Frankfurt (Oder) war ebenfalls eine unabhängige Schwesterstadt auf dem anderen Oderufer geplant.

Sicher ist jedenfalls, dass Johann I. und Otto III. Berlin und Cölln mit Stadtrechten versahen und förderten – und zwar so früh und erfolgreich, dass Berlin 1253 als Vorbild für Frankfurt dienen konnte. Cölln war durch die Lage auf der Spreeinsel von vornherein zur Rolle des „Juniorpartners" verdammt, während Berlin große Ausdehnungsmöglichkeiten besaß. Die Markgrafenbrüder ließen beide Städte ausbauen. In Berlin trat zur Nikolaisiedlung die wesentlich größere Neustadt mit dem Neuen Markt und der Marienkirche, deren Bau 1292 abgeschlossen oder zumindest weit fortgeschritten war.

Die Bürger von Berlin und Cölln erhielten von den Markgrafen Stadtrechte nach dem Vorbild Brandenburgs, die wiederum auf dem Magdeburger Recht fußten. Mit dem Brandenburger Recht gewährten die Markgrafen den Städ-

Denar der Markgrafenbrüder Johann I. und Otto III., 13. Jh.

tern die persönliche Freiheit (gegenüber den Landesherren), das Recht zu genossenschaftlichen Bindungen, das Recht, Handel und Gewerbe frei auszuüben, das erbliche Grundbesitzrecht und die Selbstbestimmung über wichtige Teile des städtischen Lebens, sofern diese nicht die Herrschaftsrechte des Stadtherren berührte. Jede Stadt konnte so ihre Verfassung zu einem lokalen Stadtrecht weiterentwickeln. Darüber hinaus erhielten die Berliner von den Markgrafen weitgehende Zollfreiheit bei ihren Handelsfahrten durch die Mark Brandenburg.

Besonders wichtig war das Recht der Niederlage, das alle fremden Händler zwang, in Berlin-Cölln Station zu machen, ihre Waren auf bestimmten Plätzen „niederzulegen" und den Bürgern zum Verkauf anzubieten – oder stattdessen eine Gebühr zu entrichten. Diese Gebühr haben die Berliner ganz sicher bereits vor 1300 erhoben. Außerdem befreiten die Markgrafen die Berliner vom herrschaftlichen Grundzins, der sich auch auf das städtische Agrarland ringsherum bezog. Wohl mit dem Stadtrecht hatte Berlin ein Gebiet von 120, Cölln von 42 Hufen erhalten (eine Hufe betrug etwa zehn Hektar).

Eine mittelalterliche Wassermühle (Ausschnitt aus dem Luttrell-Psalter, frühes 14. Jh.)

Für die Landesherren war die Förderung einer solchen Stadt ein gutes Geschäft: Sie erhoben den Marktzoll (eine Art Umsatzsteuer) auf jeglichen Kauf und Verkauf in der Stadt, erhielten Einkünfte aus der Berliner Münze, in der seit mindestens 1280 für das Gebiet der östlichen Mittelmark Geld geprägt wurde, und nahmen eine Gebühr für die Benutzung der Mühlen. Die Anlage von Getreidemühlen war das Recht der Landesherren, und alle Bewohner von Berlin-Cölln sowie 32 umlie-

Die Doppelstadt Berlin / Cölln zwischen Barnim und Teltow im Jahre 1237 auf einem Farbdruck von 1937

genden Dörfern waren verpflichtet, ihr Korn gegen Bezahlung auf dem Mühlendamm mahlen zu lassen. Außerdem zogen die Markgrafen zwei Drittel der Gerichtsgebühren und der vom Gericht verhängten Strafgelder ein – das letzte Drittel stand dem Vorsitzenden des Gerichts, dem Schultheiß, zu.

Die Doppelstadt Berlin-Cölln gedieh prächtig. Bereits die erste überlieferte ständische Versammlung in der Mark Brandenburg fand in Berlin statt: 1280 kamen die Markgrafen mit 57 namentlich genannten Adligen zusammen, um einen Vertrag über die Erhebung der landesherrlichen Steuer abzuschließen.

Spandau und Köpenick gerieten bald ins Hintertreffen, obwohl sich auch Spandau zu einem wichtigen Handelsplatz entwickelte: Die 1197 erstmals erwähnte Askanierburg wurde ein bevorzugter Aufenthaltsort der Markgrafen. Köpenick dagegen war noch bis 1245 zwischen den Askaniern, den Markgrafen von Meißen und dem Erzbischof von Magdeburg umstritten. Zudem konnte sich die Inselstadt, die nur etwa halb so groß wie Cölln war, durch ihre Flusslage kaum entwickeln.

Der Ausbau der Stadt

Über den architektonischen Ausbau der Stadt gibt es so gut wie keine Quellen. Beide Teilstädte wurden beträchtlich erweitert und um die Mitte des 13. Jahrhunderts mit einer 2,5 Kilometer langen Steinmauer aus Findlingsmauerwerk umgeben, von der an der Klosterstraße noch Reste erhalten sind. Der heutige S-Bahn-Viadukt folgt zwischen Jannowitzbrücke und Museumsinsel ungefähr dem alten Mauerverlauf auf Berliner Seite. Vor der Mauer, die vermutlich sechs bis sieben Meter hoch und mit einem Wehrgang versehen war, lagen zwei Wassergräben mit einem Erdwall dazwischen. Die Mauer war mit Türmen und zahlreichen Wikhäusern (zur Stadt hin offenen Halbtürmen) versehen. Es gab drei Stadttore: im Südosten das Stralauer Tor, im Osten das Oderberger, später Königs- oder Georgentor (etwa dort, wo die Rathausstraße auf den Bahnviadukt stößt), im Norden das Spandauer Tor. Am aufwendigsten war das Oderberger Tor gestaltet: In seinen oberen Stockwerken befanden sich das Zeughaus und das Gefängnis, auf dem Wall zwischen den Wassergräben stand noch ein Außentor.

Cölln verfügte über zwei Stadttore: das Köpenicker Tor und das Gertrauden- oder Teltower Tor nahe der heutigen Gertraudenbrücke. Kleine-

Nikolaikirche: Grundriss der heutigen, dreischiffigen Hallenkirche mit Umgangschor aus dem 14./15. Jh. und romanischer Doppelturmfront

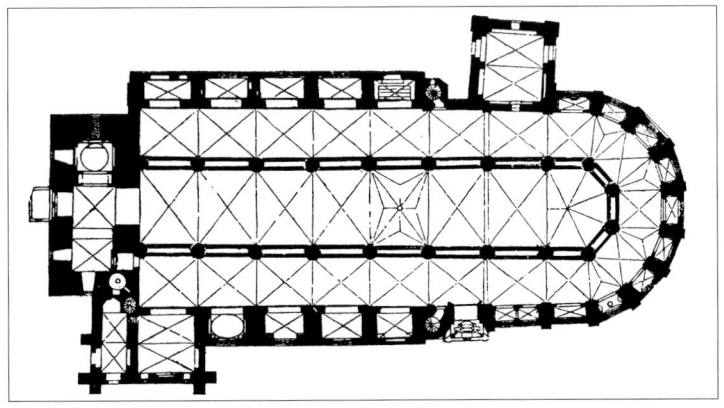

re Teile des Spreeufers waren ebenfalls durch eine Mauer gesichert. In die Spree waren ober- und unterhalb der Stadt eisenbewehrte Eichenpfähle eingeschlagen, der schmale Durchgang für die Schiffe konnte durch einen waagerechten Baum geschlossen werden (daher die Namen „Oberbaum" und „Unterbaum").

Die alte Spreebrücke wurde durch einen Damm mit zwei, später vier Mühlen ersetzt. Das aufgestaute Wasser sorgte für den nötigen Wasserdruck für die Mühlen, aber auch für ausreichende Bewässerung der Befestigungsgräben. Der Mühlendamm blockierte die Durchfahrt für die Schiffe, sodass alle Waren zwischen „Oberspree" und „Unterspree" umgeladen werden mussten. Eine Durchfahrt durch den Cöllner Stadtgraben wurde erst 1550 durch den Bau einer Schleuse möglich.

Als zweite Verbindung zwischen Berlin und Cölln kam die Neue Brücke, die spätere Lange Brücke als Verlängerung der Oderberger Straße hinzu. Diese heutige Rathausstraße war die „Haupteinkaufsstraße" des mittelalterlichen Berlin.

An der Ecke Spandauer / Mittelstraße, der wichtigsten Kreuzung der

Das alte Berliner Rathaus in der Spandauer Straße (Radierung von W. Brücke, 1840)

Stadt, stand das Berliner Rathaus, das nach mehreren Stadtbränden jeweils verändert wiederhergestellt wurde. Der letzte und wohl auch älteste Teil, die zweigeschossige Gerichtslaube, wurde 1871 abgetragen und (in neugotischer Form) im Schlosspark von Babelsberg wiederaufgebaut. Eine weitere Kopie dient heute im Nikolaiviertel als Gaststätte. Im offenen Erdgeschoss tagte öffentlich das Gericht, darüber lag die Ratsstube, der Sitzungssaal des Stadtrates. In einem zweiten Bauteil des Rathauses befanden sich das Kaufhaus, in dem Händler ihre Waren anboten, ein Festsaal und der Ratskeller mit einem Bierausschank. Ein Pfeiler der Gerichtslaube diente als Pranger: Der „Kaak" zeigte einen Vogel mit Menschengesicht und Eselsohren, der auf einer Konsole hockte – Sinnbild für Schimpf und Spott.

Die Berliner Gerichtslaube im Park von Schloss Babelsberg

Von der ersten steinernen Nikolaikirche blieb der Unterbau des Westriegels erhalten, der den Bürgern der noch unzulänglich befestigten Stadt als letzte Zuflucht diente. Die ganze Gestalt des romanischen Granitquaderbaus zeigt ein Modell in der heutigen Kirche. Die Cöllner Petrikirche dürfte ähnlich ausgesehen haben.

Noch vor 1300 wurden die Nikolai- und die Petrikirche beträchtlich erweitert. An der Nikolaikirche riss man das alte Schiff ab und ersetzte es durch einen Hallenbau (das heißt einen Bau mit drei gleich hohen Kirchenschiffen) aus Backstein. Auch die zweite Pfarrkirche auf Berliner Seite, St. Marien, wurde aus Backstein erbaut – als relativ schlichter, aber durch seine Größe beeindruckender Bau ohne Turm (der kam erst im 15. Jahrhundert hinzu) nach dem Vorbild der Bettelordenskirchen.

Die sogenannten Bettelorden ließen sich im 13. Jahrhundert in den Städten nieder, um zu predigen und Seelsorge zu betreiben. Die Mönche lebten von Spenden und Almosen und konnten daher nur in Städten mit einer gewissen Wirtschaftskraft überleben. Bereits um 1250 gab es in Berlin einen Franziskanerkonvent, das erste namentlich bekannte Mitglied, Hermann von Langele, diente den Markgrafenbrüdern als Beicht-

Die mittelalterliche Petrikirche, die Pfarrkirche von Cölln, auf einer Grafik von J. Stridbeck, 1690

vater. 1271 traten die Markgrafen einen Teil ihres Berliner Grundstücks den Franziskanern ab, die sofort mit dem Bau einer Kirche und eines Klosters begannen. Die im Laufe der Zeit reich ausgestattete Kirche, die bei Mitgliedern der markgräflichen Familie, Adligen und betuchten Bürgern auch als Grablege beliebt war, wurde im Zweiten Weltkrieg zerstört und steht heute als Ruine an der Klosterstraße.

Neben den graugewandeten Franziskanern ließen sich kurz vor 1297 auch Angehörige des zweiten großen Bettelordens, die „Brüder" der Dominikaner, in der Doppelstadt nieder: in Cölln am nördlichen Ende der heutigen Brüderstraße. Ihr Kloster musste später dem Schlossbau weichen, die Kirche wurde Mitte des 18. Jahrhunderts abgerissen.

Zwei Spitäler gab es im Berlin des 13. Jahrhunderts: das Heiliggeistspital am Spandauer Tor, von dem noch heute die Kapelle auf der Spandauer Straße erhalten ist, und das Georgenspital, das vor dem Oderberger Tor (am heutigen Alexanderplatz) lag und auch als Krankenhaus für die Aussätzigen (Leprakranken) diente. Anfang des 15. Jahrhunderts kam das Gertraudenspital in Cölln hinzu, von dem der Spittelmarkt seinen Namen erhielt.

An der östlichen Stadtmauer hatten sich die Markgrafen ein großes Grundstück reserviert. Hier entstand die 1261 erstmals erwähnte „aula Berlin", das „Hohe Haus", das den Markgrafen bei ihren Berlinbesuchen als Quartier diente.

Als man 1931 begann, das barocke Gebäude in der Klosterstraße 76 für den Neubau eines Kaufhauses abzureißen, kam unter dem alten Putz völlig überraschend ein frühgotischer Backsteinbau zum Vorschein – die mittelalterliche Residenz der Landesherren in Berlin war wiederentdeckt! Berlin-typisch wurden die Reste dieses historisch so interessanten zweigeschossigen Baus, in dessen Zentrum ein dreischiffiger Saal lag, genauestens vermessen und dann abgerissen. Einzig das Portal blieb erhalten – man baute es im Märkischen Museum ein.

Das Hohe Haus war aus Stein errichtet, aber keine Burg. Als „Festung" fungierte vielmehr die gesamte Doppelstadt, deren Bürger sich selbst verteidigten. Im Notfall konnten sich die Landesherren hierhin zurückziehen. Die Markgrafen hielten sich jedoch selten in Berlin auf, häufig dagegen in der Burg Spandau, wo sie sich zum großen Teil durch Berliner Händler versorgen ließen.

Berlin umfasste nun eine Fläche von 47, Cölln von 23 Hektar. Die meisten Häuser, überwiegend giebelständige Fachwerkbauten, dienten zugleich Wohn- und Wirtschaftszwecken. Am Stadtrand befanden sich auch größere Höfe mit Wirtschaftsgebäuden und große Gartengrundstücke.

Portal des Hohen Hauses, 1931 im Märkischen Museum eingebaut

Die Rechte der Markgrafen vertrat in Berlin und Cölln der Schultheiß. Er leitete das niedere Stadtgericht, dem sieben auf Lebenszeit bestimmte Schöffen aus der Bürgerschaft angehörten, und die beiden Stadtverwaltungen mit dem Stadtrat als oberstem Gremium. Der in Berlin aus zwölf, in Cölln aus sechs Mitgliedern bestehende Rat regelte das gesamte Wirtschaftsleben: Er kontrollierte die Jahr- und Wochenmärkte, beaufsichtigte Maße und Gewichte, prüfte die Qualität der einheimischen Produkte und gab den Handwerker-„Innungen" ihre Satzungen. Verletzungen dieser Regeln ahndeten die Ratmannen selbst – meist mit Geldbußen, zuweilen auch mit drakonischeren Strafen. Wer etwa beim Brotverkauf schummelte, wurde auf einem „Schupfstuhl" ins Wasser getaucht, „zänkische" Marktfrauen mussten „Schimpfsteine" tragen.

Beherrscht wurde der Rat durch die Kaufleute. Berlin und Cölln dienten zwar der Umgebung als wichtiger Nahmarkt, ihren raschen Aufschwung verdankten sie jedoch dem Fernhandel. Besonders wichtig war die Schiffsverbindung nach Hamburg. Im 1288 angelegten Hamburger

Im Namen Gottes Amen. Wir Otto von Buch und Gerhard von Rathenow, Bürgermeister zu Berlin, mit Zustimmung aller unserer Genossen desselben Rates, tun vor jedermann, der Gegenwärtiges sieht oder hört, kund, dass wir unseren getreuen und geliebten Woll- und Leinwebern zu Berlin und Cölln durch diesen Brief verleihen und gnädig gewähren, nachstehende Bestimmungen untereinander zu beobachten:

Zunächst, dass sie vier große Wachskerzen bei der Bestattung von Gesellen und vier kleine bei der Bestattung von Lehrlingen [...] haben sollen und dass zwölf Personen ausgewählt werden, welche die Beerdigung besorgen und die Kirchengabe aus der gemeinsamen Kasse darreichen. [...]

Ferner, wenn einer der Woll- oder Leinweber einen Diebstahl beginge und überführt würde, so soll er in der ganzen Mark aus seinem Gewerk ausgestoßen sein. Desgleichen, wenn einer von ihnen zwei gesetzmäßige Frauen hat, soll er ebenfalls in der ganzen Mark aus seinem Gewerk ausgestoßen sein. [...]

Ferner, wenn einer von ihnen so viel in einer Schenke trinkt, dass er das Getrunkene erbricht, so gibt er ein kleines Viertel Bier. Ferner, dass jeder Knecht seinem Meister gehorche; wo nicht, so gibt er ein Pfund Wachs. [...] Ferner, dass keiner der Knechte barfüßig über die Straße geht oder im bloßen Hemd; wer sich aber dies zu tun untersteht, gibt ein Pfund Wachs. Ferner, dass keiner von ihnen auf der Straße mit Schauspielern und Gauklern würfele oder mit irgendwelchen das Knöchelspiel treibe; tut er das, so gibt er ein Pfund Wachs. [...]

Ferner, wenn einer der Leinweber einem etwas zu weben übernommen hat, so ist er verpflichtet, das angefangene Werk zu beendigen, wenn nicht ein wirklicher Verhinderungsgrund vorliegt, worüber die vorgenannten Meister nach Recht und Brauch entscheiden sollen. [...]

Aus den Statuten, die der Rat den Woll- und Leinwebern am 19. November 1331 verordnete (aus dem Berliner Urkunden-Buch, Übertragung aus dem Niederdeutschen)

Schuldbuch, das alle auf Kredit-basis geschlossenen Geschäfte der folgenden zehn Jahre verzeichnet, wird die Doppelstadt oft genannt, übertroffen nur von Gent, Utrecht und Lüneburg. Die für die Kaufleute aus Berlin und Cölln verzeichnete Gesamtsumme übersteigt die aller anderen märkischen Städte zusammen. Die Berliner Händler lieferten vor allem Eichenholz und Getreide von Teltow und Barnim – „Berliner Roggen" war in Hamburg als Qualitätsware bekannt. Zahlreiche Berliner Kaufleute fuhren

Blick in eine Bäckerei im späten Mittelalter (Holzschnitt)

mit ihren Waren weiter bis nach Flandern, wo sie im Gegenzug Tuch kauften. Um 1300 jedoch unterbanden die Hamburger den Durchgangshandel, um Hamburgs Position als Umschlagplatz zu stärken.

Die Lange Brücke, vom Mühlendamm gesehen, auf einem Gemälde von J. H. Hintze, 1832

In den „Boom" auf der Ostsee waren die Berliner Kaufleute durch den Handel mit Stettin einbezogen. Der Handelsweg führte über Land nach Oderberg, wo alle Waren auf Schiffe umgeladen wurden. Aus Stettin brachten die Berliner Kaufleute vor allem Hering ins Binnenland, die wichtigste Fastenspeise, aber auch andere Fischsorten, Gewürze, Häute und Felle, die vom Ostufer der Ostsee kamen. Im 14. Jahrhundert galt Berlin als Hauptfischmarkt der Mark. Die Heringe wurden hier umge-

Die Hanse

Im 12. Jahrhundert bildeten Fernhandelskaufleute in verschiedenen Städten immer häufiger Fahrgemeinschaften, um für den sicheren Transport ihrer Waren und die Vertretung ihrer Interessen an den Zielorten zu sorgen. Umkämpft war der Handel auf der Ostsee und weiter nach Russland, dessen Drehscheibe Visby auf der schwedischen Insel Gotland war. 1161 gewährte ein Privileg Heinrichs des Löwen den „nach Gotland fahrenden deutschen Kaufleuten" Schutz und Rechtssicherheiten. In der Folge entstand die „Genossenschaft der Gotlandfahrer", der Kaufleute der jungen, aber rasch wachsenden norddeutschen Handelsstädte angehörten, allen voran Lübeck. Spätestens im 13. Jahrhundert wurden die Handelswege und auch das Finanzsystem immer sicherer. Die Kaufleute fuhren nun nicht mehr selbst mit ihren Waren mit, sondern organisierten den Handel aus ihren Handelshäusern heraus und übernahmen zugleich Verantwortung für die Geschicke ihrer jeweiligen Stadt und deren aufblühenden Märkte. So verlagerte sich die Macht von den einzelnen Kaufleuten hin zu den Städten, deren Politik von den Stadträten, und damit von den Kaufleuten, bestimmt wurde. Aus einem Bund, einer Hanse, der Kaufleute wurde eine Städtehanse. Parallel gründeten deutsche Kaufleute Städte wie Riga und Reval (Tallinn) und ließen sich in Stockholm, Bergen und anderen Handelsorten nieder. Im 14. Jahrhundert gehörten der Hanse rund zweihundert Städte an, darunter viele Binnenstädte, die über die Flüsse Handel trieben, von den heutigen Niederlanden bis nach Estland und nach Süden bis zur Grenze Köln – Erfurt – Breslau – Krakau. Die Hanse unterhielt Handelshöfe in zahlreichen Städten zwischen London und dem russischen Nowgorod und mischte kräftig in der europäischen Politik mit. Seit 1356 trafen sich die Städte in lockerer Folge und meist in Lübeck zu Hansetagen. Seit dem 16. Jahrhundert verlor die Hanse jedoch gegenüber den sich bildenden Territorialstaaten immer mehr an Boden, ihr Ende kam mit dem Dreißigjährigen Krieg.

1980 wurde die Hanse als Städtebund wiederbelebt, ihr gehören derzeit 193 Städte in 16 Staaten an. Darunter sind Brandenburg / Havel, Frankfurt (Oder), Kyritz und Pritzwalk, nicht aber Berlin. Dabei nahmen Berlin und Cölln erstmals 1359 und danach mehrmals bis 1434 an Hansetagen teil.

packt und neu gesalzen. Zwei eigens von der Stadt angestellte Salzmeister überwachten den Salzhandel.

Die Fernhändler spielten bei der Ausbildung des mittelalterlichen Städtewesens generell eine große Rolle. Auf den Handelsfahrten und vor Ort schlossen sie sich zu Genossenschaften zusammen, um ihre Interessen stärker zu vertreten. So entstand zum Beispiel die Hanse ursprünglich als Genossenschaft der Gotlandfahrer. Die Erfahrungen, die die Kaufleute in der genossenschaftlichen Selbstverwaltung machten, prägten entscheidend die Verfassungen der mittelalterlichen Städte.

Juden werden in Berlin erstmals 1295 erwähnt (in einem Zunftbrief des Rates für die Wollweber wird den Handwerkern verboten, bei Juden Garn zu kaufen). Vermutlich kamen die ersten Familien mit den Siedlern aus dem Westen in die Mark Brandenburg. Vor allem die jüdischen Geldhändler waren hochwillkommen, schließlich erforderte der Ausbau der Städte und des Handels Geld und Kredite, und die Kirche hatte das Verleihen von Geld gegen Zins allen Christen verboten. Die Juden erhielten vom Markgrafen ein Sonderbürgerrecht, da sie nicht zur – christlich geprägten – Bürgergemeinde und zu den Zünften gehören durften.

Im Mittelalter bestatteten die Berliner Juden ihre Toten auf dem 1324 erstmals erwähnten Friedhof von Spandau, wo es wohl schon früh eine große jüdische Gemeinde gab. Die Jüdenstraße in Berlin wird 1392 erstmals so genannt.

Unruhige Zeiten: Das 14. Jahrhundert

Das 14. Jahrhundert bescherte Berlin unruhige Zeiten. Die Stadt wurde von äußeren Katastrophen und inneren Konflikten heimgesucht, das Land ringsum drohte mehrmals in Anarchie zu versinken. Dennoch setzte sich der enorme Aufschwung Berlins und Cöllns fort, und um 1400 stand die Doppelstadt (für brandenburgische Verhältnisse) als mächtige und reiche Stadt da.

Ein schwerer Schlag traf das Land mit dem Tod des Markgrafen Waldemar (Woldemar), der in seiner Regierungszeit (1308–19) zahlreiche Kriege und Eroberungszüge, die schwersten in Richtung Ostseeküste, geführt hatte. Seine teils glänzenden Erfolge waren jedoch durch finanzielles Chaos erkauft. Ein Jahr nach Waldemars überraschendem Tod

Regentschaften der Markgrafen von Brandenburg (ab 1356 auch Kurfürsten), ab 1701 der Könige in / von Preußen, ab 1871 der Deutschen Kaiser

(falls nicht anders angegeben, als Regenten gestorben)

Askanier

Albrecht I. der Bär (geb. um 1100)	1134 / 1157–70
Otto I. (geb. um 1130)	1170–84
Otto II. (geb. nach 1147)	1184–1205
Albrecht II. (geb. vor 1177)	1205–20
Johann I. (geb. um 1213)	1220–66
Otto III. (geb. 1214/15)	1220/25–67
Johann II. (geb. ?)	1266–81
Otto IV. (geb. um 1238)	1266–1308
Konrad (geb. um 1240)	1266–1304
Heinrich I. (geb. ?)	1293–1318
Johann IV. (geb. um 1261)	1286–1305
Waldemar (geb. um 1280)	1308–19
Heinrich II. (geb. um 1308)	1319–20

Wittelsbacher

Ludwig (V.) der Ältere (1315–61)	1323–51
Ludwig (VI.) der Römer (geb. 1330)	1351–65
Otto der Faule (geb. um 1308)	1351–73

Luxemburger

Wenzel (1361–1419)	1373–78
Sigismund (1368–1437)	1378–97 und 1411–15
Jobst von Mähren (geb. 1354)	1397–11, seit 1388 Pfandbesitzer der Mark

Hohenzollern

Friedrich I. (geb. 1371)	1415–40
Friedrich II. (geb. 1413)	1440–70
Albrecht Achilles (geb. 1414)	1470–86
Johann Cicero (geb. 1455)	1486–99
Joachim I. Nestor (geb. 1484)	1499–1535
Joachim II. Hektor (geb. 1505)	1535–71
Johann Georg (geb. 1525)	1571–98
Joachim Friedrich (geb. 1546)	1598–1608
Johann Sigismund (1572–1620)	1608–19
Georg Wilhelm (geb. 1595)	1619–40
Friedrich Wilhelm, der Große Kurfürst (geb. 1620)	1640–88
Friedrich III. / I. (geb. 1657)	1688–1713, König seit 1701
Friedrich Wilhelm I. (geb. 1688)	1713–40

Friedrich II., der Große (geb. 1712)	1740–86
Friedrich Wilhelm II. (geb. 1744)	1786–97
Friedrich Wilhelm III. (geb. 1770)	1797–1840
Friedrich Wilhelm IV. (geb. 1795)	1840–1858/61
Wilhelm I. (geb. 1797)	1861–88, 1858–61 Prinzregent
Friedrich III. (geb. 1831)	März–Juni 1888
Wilhelm II. (1859–1941)	1888–1918

starb mit seinem minderjährigen Vetter Heinrich 1320 der letzte brandenburgische Askanier.

Markgraf Waldemar auf einem Porträt aus dem 19. Jh.

Und sofort begann der Kampf um das Erbe. Von allen Seiten erhoben die Nachbarmächte Ansprüche: Die pommerschen Herzöge besetzten die Uckermark und Teile der Neumark, die Fürsten von Mecklenburg-Schwerin brachten die Prignitz unter ihre Pfandherrschaft, Polen begann die Rückeroberung der östlichen Neumark, die Herzöge von Braunschweig übernahmen die Altmark als Pfand, der Erzbischof von Magdeburg das Land Jerichow. Die Kontrolle über die Mittelmark mit Berlin sicherten sich zunächst Waldemars Witwe, Markgräfin Agnes, und Heinrichs Vormund, Herzog Rudolf von Sachsen-Wittenberg.

1323 zog der deutsche König, Ludwig der Bayer, die Mark als erledigtes Lehen ein und übergab sie seinem achtjährigen Sohn Ludwig.

In dieser Zeit gab es einen Vorfall, dessen Hintergründe nicht ganz klar sind. 1324 soll der Bernauer Propst Nikolaus als Gastprediger in der Marienkirche gegen den neuen Markgrafen Ludwig gewettert haben. Als er die Kirche verließ, kam es zu einem Aufruhr, der Propst wurde erschlagen und auf dem Neuen Markt verbrannt. Berlin und Cölln wurden daraufhin vom Papst mit dem Kirchenbann belegt, das heißt das normale kirchliche Leben wurde untersagt. Nur die Bettelmönche durf-

1325 wurde vor der Marienkirche Propst Nikolaus von Bernau von aufge-
brachten Berlinern erschlagen (Aquarell von F. L. Catel, 1806)

ten weiterhin Gottesdienste abhalten. Nach langem Prozess verpflich-
tete sich der Rat 1335, an der Stelle des Totschlags ein Sühnekreuz zu
errichten, dessen steinerner Nachfolger noch heute neben dem Haupt-
eingang zur Marienkirche steht. Nach weiteren zähen Verhandlungen
um Wiedergutmachungszahlungen an die Familie des Getöteten wurde
der Bann 1347 schließlich aufgehoben.

Das Berliner Stadtbuch vermerkt lapidar, dass Geistliche und Laien
„leider selten gute Freunde" würden, und wirft den Kirchenmännern
„Gierigkeit und Unkeuschheit" vor. 1364 traf es den Schreiber des Erz-
bischofs von Magdeburg, der angeblich eine Bürgersfrau belästigt hatte.
Er wurde hingerichtet, obwohl nur der zuständige Bischof über Geistliche
richten durfte. Die Städter kamen jedoch ungeschoren davon.

Unter Markgraf Ludwig (dem Älteren) und seinen Nachfolgern aus
den Familien der Wittelsbacher (1323–73) und der Luxemburger
(1373–1411) wurde die Mark zum Nebenland, regiert zumeist von fremden Statthaltern in Vertretung der Landesherren, die sich in Bayern,

Böhmen oder Mähren aufhielten. Die Mark war für sie nicht mehr als eine willkommene Einnahmequelle, obwohl das Markgrafenamt auch mit der Kurwürde verbunden war. Die Goldene Bulle Kaiser Karls IV. von 1356 bestimmte den Markgrafen von Brandenburg zu einem der sieben Reichsfürsten, die im Dom zu Frankfurt (Main) den deutschen König wählten.

Die Städte nutzten die unsichere Lage, indem sie den stets in Geldnöten steckenden Landesherren Rechte und Einnahmen abkauften. Durch Städtebünde und eine geschickte „Außenpolitik" versuchten sie gleichzeitig, sich gegen Chaos und politische Unsicherheit abzusichern. Vor allem die Raubzüge und Fehden des wirtschaftlich angeschlagenen Adels bedrohten den Lebensnerv der Städte.

1308 kam es auf Anregung von Berlin-Cölln zu einem ersten märkischen Städtebund. 1321 vereinbarten mehr als zwanzig Städte der Mittelmark und der Niederlausitz in Berlin, sich im Falle einer Bedrohung gegenseitig beizustehen und ihre Haltung gegenüber dem Landesherrn miteinander abzustimmen. Im Jahr 1345 beschlossen in Berlin die Vertreter der Städte, der Ritterschaft sowie die Bischöfe von Brandenburg und

Siegel der Goldenen Bulle mit dem Bildnis Kaiser Karls IV.

Havelberg, keine weiteren Geldforderungen der Markgrafen zu akzeptieren. Die Städte waren damit vom Adel und den Bischöfen als gleichberechtigter politischer Partner, als dritter „Stand", anerkannt.

Seinen Höhepunkt erreichte das Chaos, als die Mark in die Feindschaft zwischen Wittelsbachern und Luxemburgern, den Konkurrenten um die deutsche Königskrone, hineingezogen wurde. 1348 tauchte ein Pilger beim Erzbischof von Magdeburg auf und erklärte, er sei der Markgraf Waldemar. Er habe seinen Tod 1319 nur vorgetäuscht und sei stattdessen auf Pilgerfahrt gegangen, da ihn Gewissensbisse wegen der Ehe mit einer nahen Verwandten geplagt hätten. Die Indizien sprechen deutlich, wenn auch nicht mit letzter Sicherheit, gegen diese Geschichte. Für

Die Pest

Grobe Schätzungen gehen davon aus, dass in den Jahren 1347–53 zehn Prozent der Bevölkerung Mitteleuropas vom „Schwarzen Tod" dahingerafft wurden. In anderen Teilen Europas war die Sterberate noch wesentlich höher. Knapp sechshundert Jahre nach der letzten großen Pestepidemie brach die Seuche, deren Erreger bis heute nicht identifiziert ist, 1331 in China aus und gelangte über Russland 1347 nach Konstantinopel und Sizilien. 1349 begann sie nördlich der Alpen zu wüten, in manchen Städten und Landstrichen verheerend: In Hamburg starben 16

Radierung von M. Klinger, 1898

der 21 Ratsherren, in Venedig 20 von 24 Ärzten, in Avignon ein Drittel der am päpstlichen Hof versammelten Kardinäle. Andere Regionen blieben verschont. Die Zeitgenossen standen vor einem Rätsel, als wahrscheinlichste Erklärung galt in Gelehrtenkreisen, was die medizinische Fakultät von Paris vermutete: eine ungünstige Dreierkonstellation von Saturn, Jupiter und Mars am 20. März 1345. Auch die Juden waren beliebte Sündenböcke, es kam zu zahlreichen Pogromen. Eine Ansteckung von Mensch zu Mensch oder gar von Tier zu Mensch stand außerhalb des Denkbaren. Die Ärzte propagierten allerlei obskure Ratschläge. Allgemein wurde die Pest als Gottesstrafe angesehen. In den folgenden drei Jahrhunderten flackerte die Pest immer wieder in einzelnen Regionen Europas auf.

König Karl IV. aus dem Hause Luxemburg war der „falsche Waldemar" jedoch ein Geschenk des Himmels. Im Feldlager vor Müncheberg setzte er ihn feierlich wieder als Markgrafen ein. Und auch die Bevölkerung lief freudig zum letzten Askanier über. Allein die Stadt Brietzen hielt zu Markgraf Ludwig, und seitdem heißt sie Treuenbrietzen.

Schon 1349 allerdings söhnten sich Karl IV. und die Wittelsbacher aus, und 1350 mussten alle Städte Ludwig wieder anerkennen. Der Kampf zwischen Waldemar und den Wittelsbachern zog sich noch bis 1355 hin. Zwei Jahre später starb der vermeintliche Askanier friedlich in Dresden, wo er protokollarisch korrekt als Markgraf bestattet wurde.

Zu den politischen Wirren kamen weitere Katastrophen: 1347 erschien der „Schwarze Tod" in Europa, und auch in Berlin-Cölln raffte die

Pest einen Teil der Bevölkerung dahin. Ohnmacht und Wut ließen die Städter an den Juden aus, die erstmals in Berlin (und in Spandau) zu Pogromopfern wurden. Wie viele Juden getötet oder vertrieben wurden, ist unbekannt. 1354 aber nahm die Stadt wieder sechs jüdische Familien auf, gegen Ende des Jahrhunderts lebte eine größere Zahl von Juden in Berlin.

Ein großer Stadtbrand erfasste 1376 vor allem Cölln. Vier Jahre später, in der Nacht vom 10. auf den 11. August 1380, wurde die Berliner Stadthälfte fast vollständig ein Raub der Flammen. Fast alle Häuser waren aus Fachwerk errichtet, die meisten zeigten mit dem Giebel zur Straße. Zwar gab es auch schon, wie heute üblich, die ersten traufständigen Häuser, doch noch bis ins 17. Jahrhundert beherrschten Giebelhäuser das Berliner Stadtbild. Nach den verheerenden Stadtbränden errichteten sich vor allem die wohlhabenderen Familien neue Häuser aus Stein. Der Rat förderte dies, indem er den Bürgern Steine aus der städtischen Ziegelei verbilligt zur Verfügung stellte.

Berlin und Cölln beim Regierungsantritt Friedrichs von Hohenzollern im Jahre 1415 (aus dem Historischen Atlas von J. M. F. Schmidt, 1835)

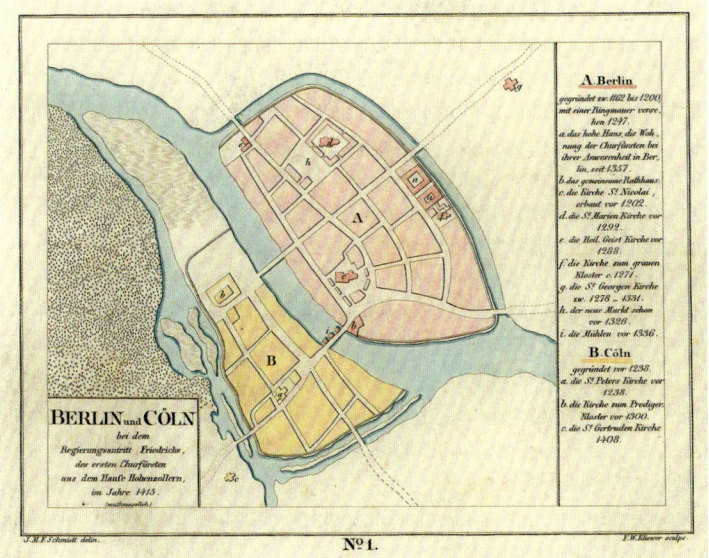

Zumindest politische Erholung versprach die Regentschaft Kaiser Karls IV. seit 1373, der die Mark den Wittelsbachern abgekauft hatte. Er versuchte den allgemeinen Landfrieden wiederherzustellen und begann Tangermünde zur neuen Hauptresidenz der Mark auszubauen. Doch er starb schon 1378. Von unschätzbarem Wert ist das „Landbuch", in das der Kaiser 1375 alle landesherrlichen Rechte und Einnahmen eintragen ließ. Und dort zeigte sich: Berlin-Cölln brachte dem Landesherrn durch die Mühlenabgaben und die Steuer („Urbede") mehr Geld ein als alle anderen Städte der Mark.

Unter Karls Söhnen und Neffen erlebte das Land einen neuen Tiefpunkt. Die Mark wurde mehrfach geteilt, die Herrscher ließen sich kaum blicken, die Zentralgewalt zerfiel, Raubritter machten die Handelswege unsicher. Am ärgsten trieben es die Ritter von Quitzow, deren Stammsitz in der Prignitz lag. Von der Burg Plaue bei Brandenburg aus, die über eine Heirat in ihren Besitz gelangt war, zogen sie übers Land und plünderten oder verschleppten alles, was gute Beute versprach.

Schließlich sahen sich 21 brandenburgische Bündnisstädte gezwungen, eine gemeinsame Truppe aus Panzerreitern und Armbrustschützen aufzustellen. 1399 erließen sie ein Vermummungsverbot, demzufolge niemand „med vorbunden antlate" (Antlitz) durch eine Stadt reiten dürfe.

1402 verlagerten die Quitzows ihre Aktionen in Richtung Berlin-Cölln. Die Raubritter verbündeten sich mit den Herzögen von Pommern und den Grafen von Lindow-Ruppin, fielen in den Barnim ein und eroberten unter anderem Schloss Bötzow (Oranienburg) und die Stadt Strausberg. Als die Pommern und die Quitzows sich zerstritten, griffen die Städte auf Betreiben Berlin-Cöllns zu einem gewagten Manöver: Sie stellten Dietrich von Quitzow gegen hohen Sold an die Spitze ihrer Truppen und machten seinen Bruder Johann zum Landeshauptmann der Mittelmark. Tatsächlich gelang es, die Pommern 1404 aus der Mark zu vertreiben.

Die Städter waren so froh, dass „die reichen und namhafftigsten zu Berlin und Cöln Dieterich von Quitzow zu scheinbaren und kostlichen eßen geladen, ihm zu ehren den tisch mit schönen frauen und seitenspiel" zierten. Der Chronist berichtet, „wie sie ihn auf den abendt mit laternen, fackeln und freundengesengen zu seiner herberge gefurt und begleitet haben, [...] wie sie ihm offte einen abendtantz mit schonen gezierten jungfrauen und weibern zu ehren gehalten und welschen wein geschenckt haben".

Friedrich von Nürnberg wird 1417 auf dem Konstanzer Konzil mit der Mark Brandenburg belehnt (Chronik des Ulrich von Richental, 2. Hälfte des 15. Jh.s)

Doch dem Ritter wurde bald langweilig. Es kam zum Streit, 1410 zum offenen Bruch. Dietrich von Quitzow hatte inzwischen Saarmund, Trebbin, Bötzow, Strausberg, Rathenow und sogar Burg und Stadt Köpenick besetzt und kontrollierte so die wichtigsten Handelswege von und nach Berlin-Cölln. Und bald begannen wieder Raub und Erpressung. Als die Quitzows das vor der Stadtmauer weidende Vieh nach Bötzow forttrieben, setzte ihnen die Berliner Bürgerwehr nach und erlitt eine schmähliche Niederlage: Wer nicht getötet wurde, wurde als Geisel gefangen genommen.

Die Rettung in höchster Not kam aus ungeahnter Richtung: Nach dem Tod des Markgrafen Jobst von Mähren ernannte König Sigismund im Juli 1411 einen tatkräftigen Mann zum „obersten Verweser und Hauptmann in der Mark": Burggraf Friedrich VI. von Nürnberg aus der mächtigen Familie der Hohenzollern. Mithilfe der Berliner, nicht aber der Cöllner Bürger – was noch viele Jahre für Streit zwischen den Teilstädten sorgte – schlug Friedrichs Truppe am 24. Oktober 1412 am Kremmer Damm zunächst die erneut in die Mark eingefallenen Pommern. Und nachdem Verhandlungen mit den Raubrittern gescheitert waren, zog er im Frühjahr 1414 gegen die Burgen der Quitzows und ihrer Mitverschwörer und eroberte sie leicht. Wie weit die Hilfe der Berliner ging, zeigt Friedrichs Testament von 1440, in dem er festsetzte, man solle die Berliner Marienkirche für den Verlust ihrer Glocken, die man zum Gießen von Geschüt-

Burggraf Friedrich VI. und König Sigismund 1417 in Konstanz (Chronik des Ulrich von Richental, 2. Hälfte des 15. Jh.s)

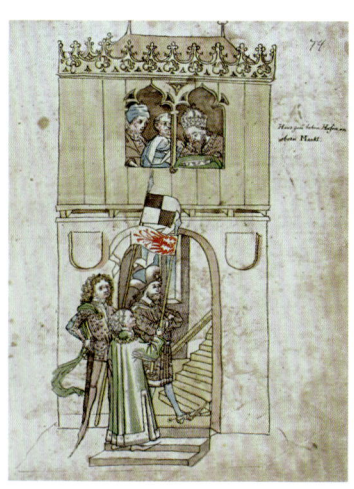

Die Hohenzollern

Stammsitz der Hohenzollern ist die Burg Zollern bei Hechingen in Schwaben, das Geschlecht wird erstmals 1061 erwähnt. 1185 heiratete Graf Friedrich III. von Zollern die Tochter des Nürnberger Burggrafen und wurde nach dessen Tod vom König mit der Burggrafschaft belehnt. Von seinen beiden Söhnen erbte einer die schwäbischen Lande, der andere die fränkischen. Beide Linien teilten sich später mehrfach. Kaiser Karl IV. erhob die Nürnberger Burggrafen 1363 in den Reichsfürstenstand, 1417 belehnte König Sigismund Friedrich VI. von Nürnberg mit der Markgrafschaft Brandenburg und der Kurwürde – und seitdem werden die Hohenzollern vor allem mit Brandenburg und Preußen in Verbindung gebracht. Doch auch die schwäbische Linie kam noch zu hohem Amt und Titel: Karl Fürst von Hohenzollern-Sigmaringen wurde 1866 als Carol I. König von Rumänien. Bis 1947 folgten ihm drei weitere Hohenzollern auf diesem Thron.

zen gebraucht habe, entschädigen. 1414 verkündete Friedrich ein Landfriedensgesetz, das Fehden für alle Zukunft verbot. Endgültig besiegt war das Raubritterwesen allerdings erst um 1500.

Zum Dank für seine Verdienste um König und Reich erhielt Friedrich 1415 die Markgrafschaft, das Kurfürstentum und damit auch das Amt des Reichserzkämmerers als erblichen Besitz. Die märkischen Stände huldigten ihm – im Berliner Franziskanerkloster. 1417 wurde Friedrich in Konstanz feierlich mit der Mark belehnt.

Damit begann eine neue Epoche in der Geschichte des Landes – über fünfhundert Jahre blieben die Hohenzollern die Herrscher der Mark Brandenburg. Und keine dreißig Jahre später sollten auch Berlin und Cölln zum Schauplatz turbulenter Ereignisse werden, die eine tiefe Zäsur in der Stadtgeschichte darstellen und ihr eine ganz neue Richtung gaben.

Auf dem Weg zur Autonomie: Die innere Entwicklung Berlins und Cöllns

Hatten die Landesherren ihren Städten anfangs großzügig Privilegien eingeräumt, so begannen sie ihnen bald Rechte und Einnahmen zu verkaufen. Schon 1280 erwarben die Berliner einen Teil der Einkünfte aus der Münze. Für den Landesherrn war die Münze ein prächtiges Geschäft, weil er seine Untertanen immer wieder zwingen konnte, alte Münzen gegen eine geringere Zahl von neugeprägten Pfennigen einzutauschen. Erst 1369 machten Berlin und zwölf andere Städte diesem Ärgernis ein Ende: Sie kauften dem Markgrafen für die enorme Summe von 6500 Mark das gesamte Münzrecht ab. Künftig sollte ein „ewiger Pfennig" für den Berliner Münzbezirk gelten.

1298 kauften die Berliner für viel Geld den Köpenicker Spreezoll – seitdem wurde er nicht mehr erhoben. Zudem erreichten sie eine Pauschalierung der landesherrlichen Steuer. Die Stadt zahlte dem Landesherrn jährlich nur noch eine einmal festgelegte – und von der aktuellen Bevölkerungszahl unabhängige – Steuersumme, die „Urbede", und legte diese dann intern auf die Bürgerschaft um.

Hohlpfennig, gefunden in den Bauresten des alten Rathauses

Bezeichnend ist die Entwicklung des Berliner Stadtsiegels: Das älteste bekannte Berliner Siegel von 1253 zeigt – zeittypisch – ein Stadttor und das Zeichen des Stadtherrn: den Adlerschild der Markgrafen. (Das ganz ähnliche Spandauer Siegel hat sich bis heute erhalten.) 1280 erscheint ein individuelleres Siegel, das zwei Bären beiderseits des Adlerschildes zeigt. Auf dem dritten Siegel, das spätestens 1338 in Gebrauch war, erhielt der Bär nun eine beherrschende Stellung gegenüber dem landesherrlichen Adler. Das vierte Siegel hundert Jahre später zeigt den Adler dann thronend auf dem Rücken des Bären. Doch so weit sind wir noch nicht.

1307 schlossen sich Berlin und Cölln mit Zustimmung des Markgrafen zu einer „Union" zusammen. Für den gemeinsamen Rat aus zwölf Berliner und sechs Cöllner Mitgliedern entstand „twischen Berlin unde Collen", das heißt auf oder an der Neuen Brücke, ein gemeinsames Rathaus, das zuerst 1342 erwähnt wird. Nach außen trat die Doppelstadt nun mit einer Stimme auf, im Innern wurden manche Angelegenheiten gemeinsam, andere, wie die Zunftordnungen und die Vermögensverwaltung, weiterhin separat geregelt. Beide Städte führten ihre eigenen Siegel, und auch die alten Rathäuser blieben in Betrieb.

Einen Blick in die politischen Verhältnisse gewährt das „Stadtbuch" aus den 1390er-Jahren. Demnach bestand der Berliner Rat aus zwölf, der Cöllner aus sechs Ratmannen, die jeweils für ein Jahr amtierten. Dann wählten sie selbst ihre Nachfolger, berieten als „alter Rat" den neuen Stadtrat und konnten nach einem Jahr wieder in den amtierenden Rat gewählt werden. Die übrigen Bürger hatten keinerlei Stimmrecht.

Tatsächlich war die Rotation zwischen beiden Räten die Regel, sodass sich mit der Zeit eine städtische Führungsgruppe aus wenigen reichen Kaufmannsfamilien herausbildete. Weil dieses Patriziat den zum Teil wohlhabenden Handwerkern mehr Einfluss verweigerte, war der Konflikt vorprogrammiert. Zum ersten Mal brach er 1345 aus: Als sich die märkischen Stände auf einer Versammlung in Berlin neuen Geldforderungen des Landesherrn verweigerten, kam es zum Bruch zwischen Stadtrat und Markgraf. Ludwig unterstützte daraufhin massiv die innerstädtische Opposition gegen den Rat. Und der war gewarnt, denn in Stendal hatten die Bürger gerade ihren Rat gestürzt und einige Kaufmannsfamilien vertrieben. So unterwarfen sich die Ratmannen schließlich Markgraf Ludwig und verpflichteten sich unter anderem, den Gewerken in Berlin vier (von zwölf), in Cölln zwei (von sechs) Ratsposten einzuräumen. Die Kaufmannschaft war geschwächt, behielt aber ihre Vormachtstellung. 1348 versuchte der Markgraf wohl erneut, die Opposition gegen den Rat aufzuwiegeln – diesmal ohne Erfolg.

In den 1370er-Jahren kam es wiederum zu Spannungen, als Bürgermeister Tile Wardenberg nicht wieder in den Rat gewählt wurde und daraufhin die „gemeinen Bürger" gegen die Ratmannen aufzuwiegeln versuchte. Anscheinend warf man sich gegenseitig die Veruntreuung städtischer Gelder vor. Anlass zum Streit bot wohl immer wieder auch das Prinzip der Steuererhebung, das sich am Grund und Boden orientierte, egal ob der Bürger diese besaß oder nur pachtete. Die großen Besitzungen der Patrizier, die außerhalb des Stadtgebiets lagen, waren dagegen, gemäß den Beschlüssen des Stadtrats, der Steuer entzogen.

Um 1380 holte der Rat erstmals die Zustimmung der vier Gewerke und der „Gemeinde", also der Versammlung aller Bürger, ein. Die Ratmannen suchten den Schulterschluss, damit sich der Markgraf oder die Quitzows nicht die inneren Spannungen zunutze machen konnten.

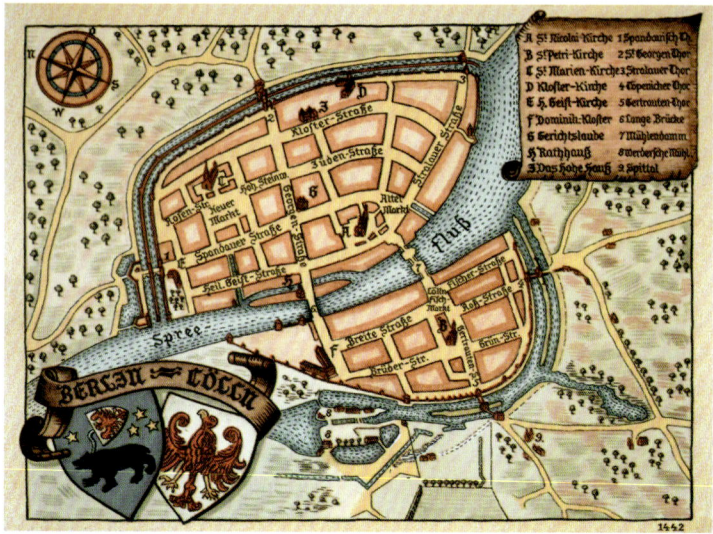

**Schematischer Grundriss der Städte Berlin und Cölln im Jahre 1442
(gezeichnet zur 700-Jahr-Feier Berlins 1937)**

Auch das Verhältnis zwischen Berlin und dem kleineren Cölln war immer wieder angespannt. In den 1390er-Jahren strebte der Rat gar eine Vereinigung beider Städte an. Doch dazu kam es nicht. Vielmehr ist 1412 erneut von einer Verschwörung der Bürgergemeinde gegen den Rat die Rede, bei der ein Mitglied einer angesehenen Ratsfamilie an der Spitze stand.

Längst nicht jeder Stadtbewohner besaß das Bürgerrecht, das einheitlich für beide Teilstädte galt. Söhne von Bürgern erbten es automatisch, Fremde mussten in einer feierlichen Zeremonie im Rathaus Treue und Gehorsam gegenüber dem Stadtherrn und dem Stadtrat schwören, sich zu Steuerzahlung, Wachdienst und Heerfolge verpflichten sowie ein Bürgergeld zahlen. Mit dem Bürgerrecht erhielten sie Anteil am gemeinsamen Besitz der Stadt, durften zum Beispiel für den Eigenbedarf in der Spree fischen, die Bürgerweide, die Allmende, vor den Stadtmauern nutzen und Brennholz aus der Stadtheide beziehen. Nur Bürger konnten einen Anteil am städtischen Ackerland erhalten und durften Bier brauen.

Voraussetzung für die Aufnahme in die Bürgerschaft war die „Ehrbarkeit", die zum Beispiel unehelich Geborene und Menschen in „unehrlichen" Berufen wie Abdecker, Henker, Schäfer, Bader oder sogar Müller nicht besaßen. Ehefrauen besaßen das Bürgerrecht durch ihren Mann, behielten es aber auch nach seinem Tod und durften so ein bürgerliches Gewerbe betreiben. Mehr als die Hälfte der städtischen Bevölkerung besaß kein Bürgerrecht. Sie waren lediglich „Einwohner" („inwoner") und arbeiteten zumeist als Dienstmägde und -knechte, Tagelöhner und Handlanger.

Um 1400 spielte der Schultheiß in der Stadtregierung keine Rolle mehr. Den Vorsitz im Rat führten nun zwei gewählte Älterleute oder Ratsmeister, die erst später Bürgermeister genannt wurden. Die nächstwichtigen Ratsmitglieder waren die beiden Kämmerer, die das städtische Vermögen verwalteten. Zudem gab es als eigenes Ressort die Baumeisterei. Die laufenden Geschäfte besorgte ein vom Stadtrat besoldeter Stadtschreiber oder „notarius". Weitere Stadtbedienstete waren die Marktmeister, der Wachtmeister, der für die Stadtwachen zuständig

Ein Wagen mit Tuchballen überquert einen vereisten Fluss auf dem Weg in die Stadt (Holzstich aus dem frühen 16. Jh.)

war, die Torwärter an den drei Stadttoren (die kurz vor Sonnenaufgang geöffnet und kurz nach Sonnenuntergang geschlossen wurden – nachts durften nur wenige Privilegierte passieren), der Büttel, das heißt der Gerichtsdiener und Henker, sowie der Heidereiter, der für die Überwachung der städtischen Gemarkung (Ländereien) zuständig war. Das allen Bürgern zu gleichen Teilen gehörende Umland wurde durch eine „Landwehr" aus Gräben und Wällen gesichert.

Zu den wichtigsten Aufgaben des Stadtrates gehörten die Finanzierung und Organisation der Stadtverteidigung. In erster Linie zu diesem Zweck war Berlin (wie auch Cölln) in vier Viertel eingeteilt: das Nikolai-, das Marien-, das Heiliggeist- und das Klosterviertel, denen jeweils ein Torwächter oder Marktmeister vorstand. Alle Bürger mussten Waffen im Haus halten, deren Gebrauch sie unter der Anleitung der Viertelmeister regelmäßig übten. Auch der Wachdienst auf der Stadtmauer wurde viertelweise geregelt.

Seit einer Verfügung des Markgrafen Waldemar von 1317 wurden alle Gesetzesverstöße, die in Berlin-Cölln verübt wurden, vom Berliner Gericht behandelt, sofern die Vergehen nicht seit alters her vom Rat selbst geahndet wurden – wie Körperverletzungen, Beleidigungen und Marktvergehen. Kein Städter durfte mehr vor ein auswärtiges Gericht gebracht werden. Ausgenommen blieben allein die Geistlichen, die weiterhin der Gerichtsbarkeit des Bischofs unterstanden.

Vorsitzender des Gerichts war weiterhin der Schultheiß. Eine kuriose Situation ergab sich um 1350, als der Markgraf seinen Anteil am Gericht

Eine Frau wird verbrannt wegen Zauberei mit vergifteten Birnen. Ein Junge wird gehängt wegen Diebstahls von Heringen. Ein Mann wird enthauptet wegen Brandstiftung im Wald. Ein Mädchen wird gestäupt [am Pranger geschlagen], weil sie Salz gestohlen hat. Drei Männer werden verbrannt, weil sie Blei und Zinn als Silber verkauft haben. Zwei Männer werden gerädert wegen Diebstahls in Kirchen. Eine Frau wird lebendig begraben, weil sie Heringe gestohlen hat; der Mann, der sie angestiftet hat, wird gehängt. Ein Schuhmachergeselle wird enthauptet, weil er einer Frau nachgestellt und sie öffentlich geschlagen hat. Die Frau eines Cöllner Bürgers, die einen Mantel gestohlen hat, wird zu Stäupung und dem Verlust eines Ohrs begnadigt.
Einige Beispiele aus dem 14. und 15. Jahrhundert für drakonische Strafen, zitiert nach dem „Buch der Übertretungen" im Berliner Stadtbuch

an Tiele Brügge verkaufte, dem als Schultheiß auch das letzte Drittel zustand. Erst 1391 konnte sich der Berliner Rat durch Kauf die alleinige Verfügungsgewalt über das Gericht und die Gebühren sichern – wodurch die Berliner pikanterweise die Gerichtsbarkeit auch über die Cöllner besaßen.

Das „Buch der Übertretungen" im „Stadtbuch" zeigt, dass das Stadtgericht oft harte Strafen verhängte. Bei schweren Fällen von Diebstahl etwa wurden Männer erhängt, Frauen lebendig begraben. Zahlreiche Urteile wurden außerhalb der Stadtmauern vollstreckt:

Christus als Weltenrichter (aus dem Berlinischen Stadtbuch, 14. Jh.)

Der Galgen, „Rabenstein" genannt, stand vor dem Oderberger Tor.

Die soziale Fürsorge für Alte und Kranke, Witwen und Waisen – nach dem Gebot christlicher Nächstenliebe – wurde von den Handwerker-Innungen oder kirchlichen Bruderschaften übernommen sowie von den Spitälern, die der Stadtrat beaufsichtigte. Die Spitäler wurden wie die Kirchen von vielen Bürgern in ihren Testamenten bedacht, sodass sie selbst zu Vermögen kamen. Das Heiliggeistspital etwa konnte 1319 schon das Dorf Heinersdorf vom Markgrafen kaufen. Der Reichtum der Spitäler führte schließlich dazu, dass sie sich nur noch den Bedürftigen der eigenen Stadt zuwandten – die Armen aus der Fremde wurden an die „Elendengilden" verwiesen, religiös-karitative Vereinigungen von Geistlichen und Laien.

Unverheiratete Frauen konnten als Marktfrauen ihr Auskommen finden, oder sie lebten in der Gemeinschaft der Beginen, einer klosterähnlichen Gemeinschaft ohne lebenslanges Gelübde, in der Cöllner Brüderstraße.

Auch ein „Hurenhaus" gab es bereits, von dem der Rat vierteljährlich Abgaben einzog. Es stand in der Rosenstraße. Die Huren waren ehr-, aber nicht rechtlos: Auch die Vergewaltigung einer Prostituierten wurde mit dem Tode bestraft.

Die Stadtschulen waren den Pfarrkirchen angegliedert und wurden von Geistlichen geleitet, jedoch vom Rat durch die Schulordnung kontrolliert.

Gegen Ende des 14. Jahrhunderts befand sich die gesamte Besteuerung des Handels in den Händen des Stadtrates. So konnte dieser den eigenen Handel fördern und mithilfe des Niederlagsrechts und gestaffelter Abgaben die Konkurrenz fremder Anbieter erschweren.

Die Gewinne legte der Rat im Umland an – in Ländereien oder ganzen Dörfern, deren Bewohner dadurch zu Abgaben und Dienstleistungen verpflichtet wurden. Sie wurden beispielsweise zu Bauarbeiten an der Stadtmauer herangezogen. Zu den stadteigenen Dörfern gehörten Stralau, Rosenfelde (heute Friedrichsfelde), Lichtenberg, Pankow und Reinickendorf. 1387 kaufte Berlin sogar Schloss und Stadt Köpenick.

Aber auch einzelne Bürger erwarben zum Teil große Ländereien mit ganzen Dörfern. Diese Patrizierfamilien, die sich selbst als „gute Leute" bezeichneten, bauten sich große Häuser, stifteten Altäre und große Grabstätten in den Kirchen und begannen auch anderweitig, ihren Reichtum zur Schau zu stellen. 1334 erließ der Rat eine Luxusordnung, die vor allem den Frauen Beschränkungen bei Schmuck und Kleidung auferlegte und den Aufwand bei Familienfeiern begrenzen sollte: So durfte eine wohlhabende Braut, die von auswärts nach Berlin einheiratete, nur noch in den ersten vier Wochen ihr „Geschmeide" tragen.

> Erstlich wollen wir, dass keine Frau noch Jungfrau an Ärmelspangen oder an Geschmeide mehr an sich tragen soll, als eine halbe Mark wiegen mag, und von feinen Perlen sollen sie nicht mehr tragen, als die eine halbe Mark wert sind. Ferner soll keine Frau noch Jungfrau goldgestreifte Stoffe tragen oder goldene Reiser. Auch soll keine Jungfrau einen Kranz tragen, der mehr wert ist als eine Mark. Weiter wollen wir, dass keine Frau oder Jungfrau Zobel oder Borten auf ihren Kleidern oder ihren Mänteln tragen soll. [...]
>
> Ferner wollen wir, dass niemand nach dem letzten Geläute die Schenke besuchen oder Bier schenken soll; wo man das findet, da soll man den Wirt mit den Gästen pfänden. Nach dem letzten Läuten soll auch niemand auf der Straße tanzen, es sei Frau oder Mann. Ferner soll niemand um mehr kegeln oder würfeln als um fünf Schillinge. [...]
>
> Und wer diese Bestimmungen verletzt, der soll den Ratmannen zehn Mark geben, und wer Fürbitte einlegt, soll ebenso viel geben.
>
> *Aus der Polizei- und Kleiderordnung des Rats vom 24. September 1334*

Bei Hochzeitsfeiern durften künftig nur noch höchstens achtzig Gäste mithilfe von zwanzig Bediensteten bewirtet und von höchstens sechs Spielleuten unterhalten werden. Die Zahl der Gänge des Festmenüs wurde auf fünf begrenzt. Auch das Spiel mit Kegeln und Würfeln um Geld versuchte man einzudämmen. Das gesellige Leben der Städter spielte sich zumeist in den Gilden, Innungen und Bruderschaften ab.

Die Unterwerfung: Berlin wird Residenzstadt

Mit der Übernahme der Landesherrschaft durch Friedrich von Hohenzollern 1415 schienen für Berlin-Cölln friedliche Zeiten anzubrechen. Der neue Kurfürst galt als Städtefreund, und auch wenn er insgesamt nur rund fünf Jahre in Brandenburg verbrachte, weil ihn seine Aufgaben in Franken und im Reich in Anspruch nahmen, so verschaffte er dem Land doch Sicherheit und stabile Verhältnisse.

Berlin-Cölln, dessen damalige Einwohnerzahl man auf rund fünftausend schätzen kann, war die bedeutendste Handelsstadt der Mark Brandenburg – neben dem aufstrebenden Frankfurt (Oder). Beide Teilstädte waren Mitglieder der Hanse, denn 1359 nahmen ihre Vertreter am großen Hansetag in Lübeck teil, wie später noch mehrmals bis 1434. Eine besondere Rolle haben sie dort aber nicht gespielt – im Vergleich zu Köln, Dortmund oder den großen Seehäfen waren Berlin und Cölln dann doch zu unbedeutend.

Das Siegel der hansischen Kaufleute von Danzig

Die Doppelstadt hatte sich eine weitgehend autonome politische Stellung erkauft oder erkämpft und strotzte vor Selbstbewusstsein. Das wurde in dem Moment zum Problem, als sich der Landesherr anschickte, verlorene Rechte zurückzugewinnen. 1426 setzte Friedrich seinen ältesten Sohn Johann als Statthalter ein, und als der von den Städten Geld forderte, um die in die Uckermark eingefallenen Pommern zurückzudrängen und seinen Anteil an der Reichssteuer gegen die Hussiten aufzubringen, stieß er auf Widerstand. Die Begründung der Städte, sie lägen zu weit von den Zügen der böhmischen Glaubensritter entfernt, erwies sich allerdings als Fehleinschätzung: 1432 kamen die Hussiten die Oder herab und zerstörten unter anderem Strausberg und Müncheberg, ehe sie zurückgeschlagen werden konnten.

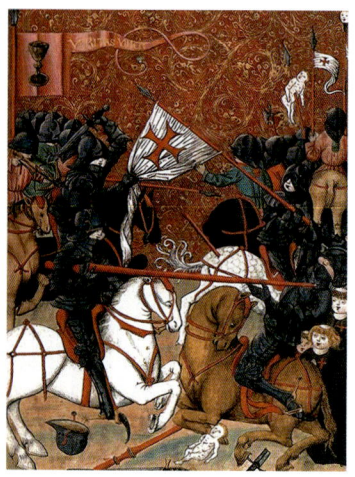

Kampfszene aus den Hussitenkriegen (Jenaer Kodex, um 1500)

Die märkischen Städte engagierten sich nun wieder auf den Hansetagen, wo 1430 ein gemeinsamer Widerstand gegen Fürstengewalt vereinbart wurde. Ein Jahr später schlossen sich Brandenburg Alt- und Neustadt, Berlin, Cölln und Frankfurt zu einem Bund vor allem gegen Übergriffe des Landesherren zusammen. Und 1432 kam es tatsächlich zu einem Zusammenschluss Berlins und Cöllns. Unter Vermittlung Brandenburgs und Frankfurts wurden alle Zwistigkeiten beigelegt. Alle städtischen Angelegenheiten sollten ab sofort gemeinsam auf dem Rathaus „zwischen beiden Städten"

behandelt und verwaltet werden. Nur die Innungen blieben, angeblich auf ihren eigenen Wunsch, in beiden Städten selbstständig. Die Handwerker waren nicht im Stadtrat, aber anscheinend in einem Sechzehner-Ausschuss, einem beratenden Gremium, vertreten. Genau hier lag der Konstruktionsfehler, der für Berlin-Cölln weitreichende Folgen haben sollte.

Der Konflikt von 1442 lässt sich nur aus den kurfürstlichen Urkunden rekonstruieren. Die „Viergewerke" (Bäcker, Fleischer, Schumacher, Schneider) und „die ganze Gemeinde" hatten beim Landesherrn gegen den Zusammenschluss Berlins und Cöllns geklagt, in dem sie „Schaden und Verderben für beide Städte" sahen. Daraufhin suchten Bürgermeister und

Ratmannen den Kurfürsten auf, händigten ihm die Schlüssel der Stadttore aus und erklärten ihren Rücktritt, um den Weg für einen neuen Stadtrat freizumachen.

Das gewagte Spiel ging schief. Denn der neue Landesherr, Friedrich II. Eisenzahn (seit 1437 Statthalter, seit 1440 Kurfürst), nutzte die ihm auf dem Silbertablett präsentierte Chance, die Städte zu schwächen. Er dachte gar nicht daran, nur den Stadtrat neu zu besetzen. Vielmehr stellte er sich voll und ganz auf die Seite der Opposition, löste den Zusammenschluss Berlins und Cöllns wieder auf und bestimmte, dass die beiden Stadträte künftig vor allem aus Mitgliedern der Gewerke und der gemeinen Bürger bestehen sollten. Jeder neugewählte Rat musste nun von ihm oder seinem Hauptmann genehmigt werden. Außerdem untersagte er den Städten eine eigene Außenpolitik, also Bündnisse zu schließen oder an Hansetagen teilzunehmen.

Kurfürst Friedrich II. Eisenzahn (Kupferstich, 1707)

Dass die Städter diesen Schlag gegen ihre Unabhängigkeit nicht einfach so hinnahmen, versteht sich von selbst. Ein halbes Jahr später, im August 1442, war die Lage wohl so kämpferisch, dass der Kurfürst mit sechshundert Reitern, „welche damals ein groß schrecken gemacht, für die Stadt komen; ist der unbestendige pöbel bald zugefahren, haben die Thore geoffnet und den Churfürsten eingelassen". Der Kurfürst forderte ein freies Tor für sich, um nach Belieben in die Stadt und sein Hohes Haus gelangen zu können. Die Gewalt über die Stadttore, und damit über die gesamte Stadt, lag jedoch allein beim Stadtrat.

Der Kurfürst bediente sich nun eines Tricks: 1435 hatte Berlin-Cölln für eine hohe Summe ein großes Territorium südlich der Stadt vom Johanniterorden erworben – Tempelhof, Mariendorf, Marienfelde und Rixdorf. Weil dies ohne offizielle Lehnsübertragung des Landesherrn erfolgt war, was normalerweise kein Problem darstellte und gegen eine

Geldzahlung nachgeholt werden konnte, zog der die Ländereien kurzerhand ein und gab sie den Städten erst nach schwerwiegenden Zugeständnissen zurück. Im Vertrag vom 29. August 1442 verzichteten die Städter auf die hohe Gerichtsbarkeit (vor allem für Tötungsdelikte), die sie erst 1391 erworben hatten, traten das Niederlagsrecht – ihr wichtigstes Instrument der Handelsförderung – ab und überließen dem Kurfürsten das gemeinsame Rathaus auf der Neuen Brücke, in das nun der Hofrichter zog. Im Norden von Cölln erhielt der Landesherr ein großes Grundstück als Bauplatz für eine neue Residenz. Friedrich II. legte am 31. Juli 1443 selbst feierlich den Grundstein.

Die Niederlage der Doppelstadt war vernichtend, aber noch nicht endgültig. Im Februar 1443 versammelten sich in Wilsnack in der Prignitz die Landesherren von Brandenburg, Dänemark, Pommern, Mecklenburg, Sachsen und Braunschweig, um ihr weiteres Vorgehen gegen die Städte abzusprechen. Die Hansestädte reagierten prompt und vereinbarten im Juli in Lüneburg einen Abwehrbund (unter dem niederdeutschen Namen „Tohopesate"), zu dem auch Berlin mit 31 Bewaffneten gerechnet wurde – trotz des kurfürstlichen Verbots jeglicher Bündnisse. Auch taucht in den Quellen 1444 und 1446 wieder ein gemeinsamer Rat beider Städte auf –

Kurfürst Friedrich II. besucht die Bauarbeiten am Berliner Schloss 1443 (nach einer Zeichnung von C. Röhling, um 1900)

man war anscheinend nicht gewillt, sich dem Kurfürsten zu unterwerfen. Als dieser nun 1448 begann, den Landbesitz außerhalb der Stadt, wie ihn mittlerweile auch viele einfache Bürger hatten, auf die lehnsmäßige Rechtmäßigkeit zu überprüfen, kochte die Wut über. Die Städter, vereint im Angesicht des Gegners, nahmen den Richter des Markgrafen gefangen und vertrieben den Mühlenmeister und den Zöllner. Sie drangen in das Hohe Haus ein und vernichteten einen großen Teil der Akten und Urkunden in der Kanzlei. Sie besetzten ihr altes Rathaus, setzten die Baustelle des Schlosses unter Wasser und bereiteten sich dann auf die Verteidigung der Stadt vor.

Der Markgraf forderte die gesamte Bürgerschaft auf, vor seinem Gericht in Spandau zu erscheinen. Der Rat lehnte dies ab und ersuchte stattdessen die Bündnisstädte um Unterstützung. Doch die Drohungen des Landesherrn wirkten stärker als alle Schwüre. Niemand kam Berlin zu Hilfe, und so brach der „Berliner Unwille" zusammen. Vor den Vertretern der Städte, des Adels und der Geistlichkeit mussten die Berliner und Cöllner schließlich in Spandau die Bestimmungen von 1442 anerkennen. Die Anführer des Aufstands, oberste Berliner Ratsfamilien, wurden durch beträchtliche Geldbußen und den Entzug ihrer Lehen bestraft. Einige Ratsmitglieder wurden „aus den vier hauptstetten und zu Spandow" (Berlin, Cölln, Brandenburg Alt- und Neustadt) verbannt.

Die Bitterkeit saß tief. 1452 schrieben die Berliner Ratsherren ihren Amtskollegen in Lübeck, und schließlich erklärte Berlin seinen Austritt aus der Hanse. Man vertrug sich später aber doch wieder, zumal auch der Kurfürst nichts gegen einen florierenden Handel seiner Städte hatte, und Berlin schied erst 1516, wegen eines anderen Streitfalls, endgültig aus der Hanse aus.

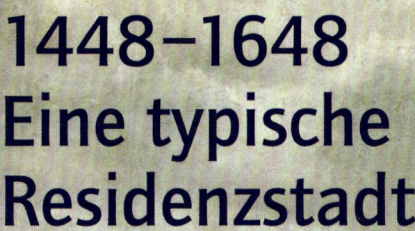

1448–1648
Eine typische
Residenzstadt

Die letzten Jahrzehnte des Mittelalters

1451 konnte Kurfürst Friedrich II. seine neue Residenz in Cölln beziehen. Das Schloss bildete nach Westen, Norden und Osten zur Spree hin einen Teil der Stadtmauer. Nach Cölln hin lag es jedoch an einem offenen Platz und war nicht gesichert (deshalb Schloss und nicht Burg). Mit einbezogen in den dreigeschossigen Bau war ein mächtiger Turm der alten Stadtmauer, wegen seiner Kupferhaube „Der grüne Hut" genannt – er war bis 1950 der älteste Bauteil des Schlosses. Zur Anlage gehörten außerdem Nebengebäude und Stallungen sowie zumindest zeitweilig ein Badehaus und ein separater Tanzsaal, ein Schießplatz und eine Stechbahn (für den sportlichen Wettkampf, bei dem sich die Gegner zu Pferde aus dem Sattel „stachen").

Der Cöllner Dom, der 1747 abgerissen wurde

1454 erwirkte Friedrich beim Papst die Erhebung der Schlosskapelle zur Pfarrkirche, 1465 erfolgte die Umwandlung in eine Stiftskirche, die nun Dom genannt wurde und der neun Stiftsherren mit dem Berliner Propst an der Spitze angehörten.

Zur festen Residenz wurde das Cöllner Schloss erst mit dem Regierungsantritt des Johann Cicero 1486. Als erster Hohenzoller konzentrierte er sich auf die Mark, während sein Bruder Friedrich, gemäß der Erbteilung seines Vaters Albrecht Achilles, die fränkischen Hohenzollernbesitzungen Ansbach und Bayreuth übernahm. Johann Cicero war auch der erste hohenzollernsche Kurfürst, der in Berlin-Cölln starb und beigesetzt wurde. Sein von Peter und Johann Vischer gearbeitetes Bronzegrabmal befindet sich heute in der Gruftkirche des Berliner Domes.

Berlin-Cölln entwickelte sich nun zur Residenz- und Hauptstadt des Landes. Hier tagten die märkischen Stände, hier arbeiteten die zentra-

> Die Einwohner sind gut, aber sehr rau und ungelehrt, dem Essen und Trinken mehr ergeben als dem Studium guter Schriften [...]. Sie neigen von Natur her zur Faulheit.
> *Johannes Trithemius, Humanist und Abt des Klosters Sponheim bei Kreuznach, 1505 in einem Brief aus Berlin*

len Behörden. 1516 wurde das Kammergericht gegründet, seit 1513 trat der allgemeine brandenburgische Landtag nur noch in Berlin zusammen. Viele der neuen Beamten und Hofbediensteten kamen aus Franken – bei Hofe und in den Verwaltungen wurde nun Hochdeutsch gesprochen. Das wirkte feiner und gebildeter. Auch die städtische Kanzlei ging 1504 zum „Meißnischen" über. Die Lutherbibel der Reformation, die wachsenden Handelsbeziehungen nach Süden, vor allem nach Leipzig und Nürnberg, aber auch die Veränderung im Rechtswesen – weg vom niederdeutschen Recht (mit dem Rechtszug über Brandenburg und Magdeburg) hin zum „gelehrten" römischen Recht mit der obersten Instanz in Speyer – beförderten das Hochdeutsche nachhaltig. Bis 1550 hatte sich Hochdeutsch als Schriftsprache in Berlin durchgesetzt. Berlin wurde zur Sprachinsel in der plattdeutschen Mark Brandenburg – und entwickelte ein ganz eigenes Idiom. Denn auch das Hochdeutsche sprach man weiterhin niederdeutsch aus.

Kurfürst Johann Cicero (Lithografie aus dem 19. Jh.)

Das geistige Klima in der Stadt wandelte sich. Berlin-Cölln wurde 1477 sogar Hochschulstadt, als die Dominikaner ihr Generalstudium der sächsischen Ordensprovinz, die sich von den Niederlanden über Böhmen bis ins Baltikum erstreckte, in Cölln etablierten. Die brandenburgische Landesuniversität („Viadrina") wurde 1506 allerdings in Frankfurt (Oder) angesiedelt. 1539 eröffnete Christoph Weiß aus Wittenberg die

Die Geschichte von Hans Kohlhase

Der englische Robin Hood ist eine Sagenfigur, aber einen brandenburgischen Robin Hood hat es tatsächlich gegeben. Hans Kohlhase war ein Kaufmann, der einen Lebensmittelladen auf der Fischerinsel in Cölln führte. Er dürfte Anfang dreißig gewesen sein, als er am 1. Oktober 1532 zur Herbstmesse nach Leipzig aufbrach – seine Ware hatte er bereits vorausgeschickt. Als er am späten Nachmittag im Dorfkrug von Wellaune hinter Wittenberg und Düben einkehrt, lässt der Dorfherr, der Junker von Zaschnitz, seine zwei Pferde mit der Begründung beschlagnahmen, er habe sie gestohlen. Ob Irrtum oder Willkür – Kohlhase verpasst große Teile der Messe. Zaschnitz rückt die Pferde nicht mehr heraus. Nachdem er sie zehn Tage lang für den Ackerdienst eingesetzt hat, verlangt er von Kohlhase vielmehr dreisterweise völlig überhöhtes Futtergeld. Die Reise wird für Kohlhase zum finanziellen Fiasko: In Cölln, wo sich die Geschichte schon herumgesprochen hat, verlangen seine Gläubiger nun ihr Geld, Kohlhase muss seine Besitztümer verpfänden. Am 13. Mai 1533 findet endlich auf Burg Düben ein Gerichtstermin statt. Kohlhase kann beweisen, dass er die Pferde rechtmäßig gekauft hat, das Gericht spricht dennoch dem Junker das Recht zu. Daraufhin schart Kohlhase einen Trupp zweifelhafter Gestalten um sich, erklärt Zaschnitz und dem Fürsten von Sachsen in einem Fehdebrief den Kampf und beginnt im südwestlichen Brandenburg einen blutigen Rachefeldzug, der sich gegen alle wohlhabenden sächsischen Reisenden richtet. Sächsischen Truppen gelingt es nicht, ihm das Handwerk zu legen, die Bevölkerung feiert ihn in seinem Kampf gegen die Obrigkeit, und der brandenburgische Kurfürst lässt ihn gewähren. Bis Kohlhase ihn sich zum Feind macht. Im Februar 1540 überfällt er, vermutlich irrtümlich, am Teltower Fließ östlich von Potsdam einen Transport mit Silberbarren, der nach Berlin zur kurfürstlichen Münze unterwegs ist. Kohlhase entscheidet sich, seinen Landesherrn zu erpressen: Er wolle seine Beute nur zurückgeben, wenn der Kurfürst seine Verfolgung unterbinde. Wenige Tage später wird der Rebell in Berlin, im Haus des Küsters der Nikolaikirche, von Häschern aufgespürt und verhaftet. Am 22. März 1540 beginnt der Prozess, in dem Kohlhase sich nicht schuldig bekennt. Er und seine Kumpanen werden zum Tod durch das Rad verurteilt und am 22. März auf dem „Rabenstein" östlich der Stadtmauer, nahe dem heutigen Strausberger Platz, hingerichtet. Die Silberbarren soll Kohlhase unter einer Brücke im Teltower Fließ versenkt haben, die dortige Siedlung heißt bis heute Kohlhasenbrück. Die Barren sind jedoch nie wieder aufgetaucht. Heinrich von Kleist inspirierte die Geschichte zu seiner 1810 erschienenen Erzählung „Michael Kohlhaas".

erste Berliner Buchdruckerei, 1542 gründete Kurfürst Joachim II. neben der Hofkantorei auch eine Hofkapelle, der zwölf Trompeter, ein Zinkenist und ein Pauker angehörten.

Und doch schlummerte, als Kolumbus schon längst die Neue Welt betreten hatte und die Gelehrten die geistigen und künstlerischen Schätze der Antike wiederentdeckt hatten, unter der Oberfläche noch dunkelster Aberglaube. Eine kuriose Geschichte spielte sich am 15. Juli 1524 ab. Für diesen Tag hatte der Hofastronom Johannes Carion den Untergang Berlins durch eine große Wasserflut prophezeit – woraufhin Joachim I. mit seinem Hofstaat den Tempelhofer Berg (den heutigen Kreuzberg) erklomm, um aus sicherer Distanz das Schauspiel zu betrachten. Zum Unglück kam es dann aber erst, nach Stunden

Kurfürst Joachim I. Nestor (Porträt von L. Cranach d. Ä., 1529)

vergeblichen Wartens, auf dem Heimweg: Bei der Einfahrt ins Schloss sollen vier Pferde und ein Wagenknecht vom Blitz erschlagen worden sein.

Gar nicht amüsant sind die Geschehnisse des Jahres 1510, die wegen ihrer Perfidie ausführlicher erzählt werden sollen: Am 2. Februar 1510 wurden aus der Dorfkirche von Knoblauch bei Brandenburg / Havel eine Monstranz und eine Kapsel mit zwei geweihten Hostien gestohlen. Am Tatort fand man den Lötkolben des Kesselflickers Paul Fromm, nahe seinem Haus in Bernau Teile der Monstranz. Im Verhör gab Fromm freimütig zu, die Hostien gegessen zu haben. Der Vertreter des Brandenburger Bischofs, der die Untersuchung leitete, ordnete dennoch die Folter an, und daraufhin „gestand" Fromm, er habe nur eine Hostie selbst gegessen, die zweite aber an den Spandauer Juden Salomo verkauft. Der Kurfürst, in dessen Zuständigkeit Strafsachen von Juden fielen, beorderte Salomo nach Berlin, und der Jude gestand nach einem „peinlichen Verhör" (Folter), er habe unter heftigen Beschimpfungen mehrmals auf die Hostie eingestochen, bis sie in drei Teile auseinandergesprungen sei, die er weder essen, verbrennen noch fortspülen konnte. Diese Ge-

Die Verbrennung der Juden, die man angeblich des Hostienfrevels überführt
hatte, im Jahre 1510 (Grafik von L. Burger aus dem 19. Jh.)

schichte, die auf die Marterung und Tötung Christi und die Elemente Feuer und Wasser anspielt, entsprach haargenau dem Geständnis aus dem Sternberger Judenprozess von 1493, der zur Hinrichtung oder Ausweisung der mecklenburgischen Juden geführt hatte.

Anschließend habe Salomo ein Drittel der Hostie in einen Matzekuchen eingebacken, den er in der Spandauer Synagoge aufgehängt habe. Die anderen Teile habe er den Juden Jakob nach Brandenburg und Markus nach Stendal geschickt. Jakob erklärte unter der Folter, er sei in seinem Hause mit dem Hostienstück ebenso verfahren wie Salomo, und nannte mehrere Beteiligte, die natürlich unter der Folter ebenfalls alles zugaben. Einer von ihnen, ein Rabbi, erklärte, er habe das Hostienstück schließlich zu einer Hochzeit nach Osterburg gebracht, bei der die Gäste, Juden aus mehreren Städten der Mark, den Hostienfrevel wiederholt hätten. So war nach wenigen Verhören ein weitgespanntes Netz von Schuldigen geknüpft.

36 Beschuldigte aus der ganzen Mark wurden schließlich nach Berlin gebracht, wo man ihnen zusätzlich noch vorwarf, Christenkinder gemartert und getötet zu haben. Da jedoch nirgends Kinder vermisst wurden, erinnerte man sich eines Mannes mit langem Bart, der vor etwa zehn Jahren durch die Mark gereist sei und den Judengemeinden Christenkinder verkauft habe. Diese seien dann rituell getötet worden. So kamen schließlich 51 Beschuldigte zusammen, unter ihnen die reichsten und angesehensten Juden der Mark Brandenburg.

Der Prozess erfolgte auf Befehl des Kurfürsten durch die Bürgermeister, Ratsherren und Schöffen von Berlin und Cölln, und am 19. Juli 1510 verkündete der Berliner Bürgermeister auf dem Neuen Markt vor der Marienkirche die Urteile. 38 zum Tode Verurteilte wurden unter lautem Singen und Beten vor die Stadt geführt und auf einem Scheiterhaufen verbrannt. Zwei Juden, die während des Prozesses konvertiert waren, wurden zum Tod durch das Schwert begnadigt, ein dritter soll wegen seiner Kenntnis der Augenheilkunde der Hinrichtung entkommen und ins Graue Kloster gegangen sein. Das Schicksal der übrigen zehn Beschuldigten ist unbekannt, möglicherweise haben sie die Folter nicht überlebt.

In der Folge des Prozesses wurden alle brandenburgischen Juden des Landes verwiesen, was den Nebeneffekt hatte, dass die Schuldner der Juden ihre Kredite nicht mehr zurückzuzahlen brauchten. Kurfürst

Unter Johann Ciceros wird das Schloss zur festen Residenz der brandenburgischen Kurfürsten, Berlin/Cölln zum festen Sitz der Landesverwaltung			Reformation: Berlin/Cölln wird lutherisch			Zweite Reformation und Berliner Tumult: Der Kurfürst und sein Hof treten zur reformierten Konfession über, die Städter bleiben lutherisch	
Der Kurfürst bezieht sein neuerbautes Schloss in Cölln							
1300	1400	1451	1486	1500	1539	1600	1613/15

Joachim I., der sich ansonsten als aufgeklärter Humanist gab, zog die beträchtlichen Vermögenswerte der Juden ein, doch wogen die jährlichen Zinseinkünfte, die er nun verlor, auf die Dauer sicher schwerer.

Die Geschichte endet mit einer reichlich makabren Pointe: Unmittelbar nach dem Judenprozess erschienen zwei Druckschriften in Nürnberg und Frankfurt (Oder), die die Geschehnisse deutschlandweit bekannt machten. Ausgerechnet diesen 25 Holzschnitten des Frankfurter Drucks verdanken wir – neben grausigen Hinrichtungsdetails – die ältesten Detailansichten von Berlin.

Die Reformation

Die Vorgeschichte der Reformation ist eng mit Berlin verknüpft: Albrecht, der Bruder des Kurfürsten, amtierte zugleich als Erzbischof von Magdeburg und von Mainz und wurde 1518, mit erst 28 Jahren, auch noch Kardinal. Dies waren gleich zwei Verstöße gegen das Kirchenrecht, die sich allerdings durch eine Geldspende an den Papst regeln ließen. Eingefädelt hatte das Geschäft der Prälat Johann Blankenfelde, Sohn

> Du hast uns berichtet, als woltestu nach deiner Saw schlagen, so ist dir dein junge, welchen du nicht gesehen, unversehens im schlage kommen und hast denselben wider dein willen getroffen und todt geschlagen: Welches dir von Hertzen leid ist. [...] Sprechen dich hiermit davon ganz los, und befehlen daneben allen und jeden, welchen dieser Brieff zu lesen für kömpt, das sie demselben glauben geben, und niemandt mehr jemals dich darumb ansprechen oder beschuldigen sollen, wo ferne sie nicht in unserer straff und urtheil kommen wollen. [...] Berlin, den 5. Octobris Anno 1517.
> *Aus dem Ablassbrief Johann Tetzels an den Köpenicker Schlachtermeister Tielemann vom 5. Oktober 1517*

Kleve, Mark, Ravensburg und Preußen fallen an Brandenburg	Dreißigjähriger Krieg, die Pest wütet fünfmal in Berlin					
	Der Kurfürst zieht mit seinem Hof nach Königsberg					
			Kurfürst Friedrich Wilhelm besucht erstmals wieder Berlin: Beginn des Wiederaufbaus und Errichtung eines stehenden Heers			
1614/18	**1618–48**	**1627**	**1643**		**1700**	**1800**

Der Ablassprediger Johann Tetzel
(Kupferstich aus dem 17. Jh.)

eines Berliner Bürgermeisters, der es später bis zum Erzbischof von Riga brachte. Vorfinanziert wurde es vom Bankhaus Fugger in Augsburg. Die Rückzahlung an die Fugger sollte über den Verkauf von Ablässen erfolgen, mit denen der Dominikanerprediger Johann Tetzel durch die Lande reiste. Die Qualität dieser Ablässe zeigt ein Brief, den Tetzel 1517 in Berlin ausstellte: Adressat war Tielemann aus Köpenick, der, als er ein Schwein schlachten wollte, „versehentlich" seinen kleinen Sohn erschlug. Tetzels Ablasshandel war der berühmte Tropfen, der das Fass zum Überlaufen brachte.

1517 löste der Augustinermönch und Theologieprofessor Martin Luther mit seinen 95 Thesen an der Schlosskirche zu Wittenberg die Reformation aus. Luthers Ideen wurden in der Mark Brandenburg rasch populär – so sehr, dass sich der Kurfürst genötigt sah, den Vertrieb der Lutherbibel wegen „viel hundert Irrtum" zu untersagen und den Berlinern die Teilnahme an der Fronleichnamsprozession zu gebieten.

Während Joachim I. sich als „Hardliner" der Kirchentreuen profilierte und Luther beispielsweise auf dem Reichstag von Worms hart angriff, trat seine Frau 1527 – in seiner Abwesenheit – zum evangelischen Glauben über. Nach seiner Rückkehr nach Berlin bat Joachim die Bischöfe und Zisterzienseräbte seines Landes um Rat, ob er seine Gemahlin töten

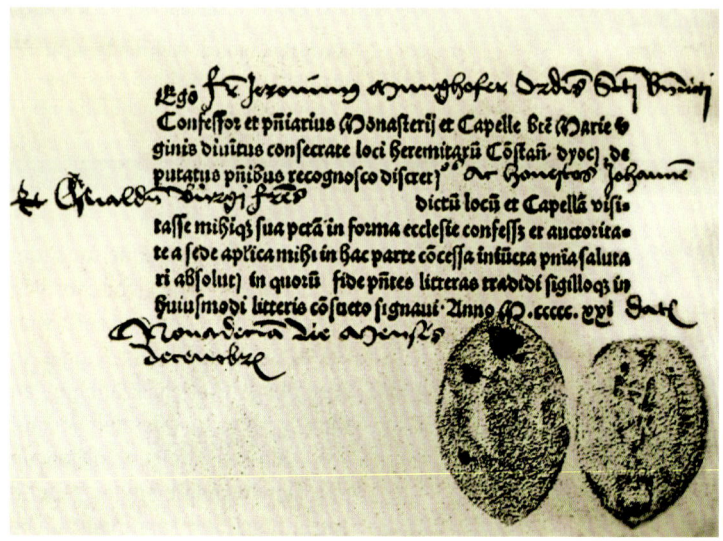

Ein typischer Ablassbrief aus dem frühen 16. Jh.

oder sich lieber scheiden lassen sollte. Die geistlichen Herren rieten zu Geduld und empfahlen, die Fürstin für ein halbes Jahr in strenge Haft zu nehmen. Elisabeth dachte überhaupt nicht daran, sich zu beugen, und floh stattdessen bei Nacht und Nebel aus dem Schloss. In Empfang genommen wurde sie jenseits des Schlossgrabens von ihrem Bruder, dem König von Dänemark, der sie anschließend zu ihrer beider Onkel, dem Herzog von Sachsen, brachte.

Doch es kam noch schlimmer für den Kurfürsten. Der so glaubensfeste Joachim unterhielt seit Jahren ein öffentlich bekanntes Verhältnis mit der Bürgertochter Katharina Hornung, der Schwester des erwähnten Johann Blankenfelde. Als der gehörnte Ehemann nicht mehr stillschweigen wollte, zwang ihn der Kurfürst, das Land zu verlassen. Hornung flüchtete nach Sachsen und bat nun Luther um Unterstützung, wie es auch die Kurfürstin Elisabeth tat. Luther geriet somit – peinlicherweise und für jeden sichtbar – in die Rolle des Richters über den Kurfürsten. 1528 schrieb er ihm: „Summa, gnädigster Herr, es ist zuviel. Zuviel zerreißt den Sack, es kann so nicht gehen, stehen noch bleiben. Gott muss drein sehen, will drein sehen nicht helfen, so muss drein schlagen helfen.

Gott gebe, dass sich Euer Kurfürstliche Gnaden seliglichen bedenke und bekehre. Amen." Wer den Schaden hat, braucht für den Spott nicht zu sorgen.

Noch auf dem Sterbebett 1535 nahm Joachim seinen Söhnen das schriftliche Versprechen ab, niemals vom alten Glauben zu lassen. Joachim II. schien dem Vater zunächst folgen zu wollen. 1536 verlegte er die Stiftskirche aus dem Schloss in die benachbarte, wesentlich größere Kirche der Dominikaner, deren Mönche nach Brandenburg/ Havel versetzt wurden. Der gotische Bau wurde modernisiert und prächtig ausgestattet, außerdem ließ Joachim II. die Gebeine seiner Vorväter aus der Klosterkirche Lehnin in den neuen Dom umbetten.

Doch die Reformation ließ sich nicht mehr aufhalten. 1537 berief der Rat der Stadt Cölln einen evangelischen Prediger, 1538 trat Joachims Bruder Hans von Küstrin, der Markgraf der Neumark, zum neuen Glauben über. Im Februar 1539 erbaten die Räte von Berlin und Cölln die Einführung des evangelischen Ritus, und als

Altartafel aus der Dominikanerkirche (L. Cranach d. Ä., 1537/38)

wenig später weite Teile des Adels mit dem Bischof von Brandenburg vereinbarten, die evangelische Lehre im Land zu fördern, fand sich der Kurfürst isoliert. Am 1. November 1539 empfing Joachim II., wahrscheinlich in der Spandauer Nikolaikirche, erstmals das Abendmahl in beiderlei Gestalt – und trat damit zum neuen Glauben über. Das neue Bekenntnis wurde in der „Brandenburgischen Kirchenordnung" festgeschrieben.

So verlief die Reformation in Berlin und Brandenburg friedlich und ohne Blutvergießen. Sie war vom Volk ausgegangen, hatte aber auch für den Fürsten zwei wichtige Effekte: Zum einen fielen bei der Säkularisation der Bistümer, Klöster und anderer kirchlicher Institutionen all ihre Güter an den Kurfürsten. Zum zweiten wurde der Landesherr nun auch zum obersten Kirchenherrn. Hatten die Hohenzollern im 15. Jahrhundert bereits die Städte entmachtet, so fiel nun mit der Kirche auch der zweite Stand als Machtfaktor aus. Das Gegengewicht zum Landsherrscher bildete fortan allein der Adel.

Berlin im 16. Jahrhundert

Seit Mitte des 15. Jahrhunderts stagnierte die Wirtschaft in ganz Norddeutschland. In den nordeuropäischen Handel drängten verstärkt Niederländer und Engländer, die Macht der Hanse schwand. Und Berlin-Cölln geriet als Fernhandelsplatz immer stärker in den Schatten der Messeorte Frankfurt (Oder) und Leipzig.

Zudem kam nun eine Entwicklung zum Tragen, die sich seit dem Ende des 14. Jahrhunderts angebahnt hatte: Die Adligen begnügten sich nicht mehr damit, von den Zins- und Naturalzahlungen ihrer Besitzungen zu leben, sondern begannen ihre Güter selbst zu bewirtschaften – mithilfe ihrer Bauern, die schließlich in eine Art Leibeigenschaft gezwungen wurden. Die „Junker" entwickelten sich zu regelrechten Agrarunternehmern, die mit ihren Produkten Handel trieben. Und während der Kurfürst den politisch schwachen Städten immer neue Steuern auferlegte, konnten die mächtigen Adligen die fordernde Hand des Landesherrn weitgehend abwehren. Nicht wenige reiche Städter zogen aufs Land, wo man nun wesentlich profitabler und vom Staat ungestört Handel treiben konnte.

Ein Glasermeister (Kupferstich von M. Engelbrecht, um 1730)

In gleichem Maße wuchs die Bedeutung des Fürstenhofs für das städtische Wirtschaftsleben. Vor allem das Handwerk differenzierte sich, zumal der Bedarf an „Luxusartikeln" stark zunahm. So bildeten im 16. Jahrhundert unter anderem die Barbiere, die Pantof-

Das Cöllnische Schloss im 16. Jh., von der Neuen Brücke (der heutigen Rathaus-
brücke) aus gesehen

felmacher, die Hutmacher und die Glaser neue Zünfte. Zwanzig Gold-
schmiedemeister gab es zu Joachims II. Regierungszeit in Berlin, und
auch die Zahl der Kürschner, also der Pelzverarbeiter, und der Rad- und
Stellmacher, die Kutschen herstellten, stieg stark an.

Bald nach seinem Regierungsantritt 1535 ließ Joachim II. das erste Schloss durch einen prächtigen Renaissanceneubau ersetzen. Sein
Baumeister Caspar Theiß baute ihm auch das Jagdschloss Grunewald,
das dem Wald seinen Namen gab. Zwischen Residenz und Jagdschloss
ließ Joachim einen Knüppeldamm anlegen, den Kurfürstendamm, der
in Höhe des Olivaer Platzes nach Süden abknickte und dann etwa der
Linie der heutigen Konstanzer Straße und des Hohenzollerndamms
folgte.

Joachims Sohn und Nachfolger Johann Georg ließ das Stadtschloss
durch Rochus zu Lynar, der parallel auch die Arbeiten an der Zitadelle
Spandau leitete, weiter um- und ausbauen. Zur Versorgung des Schlosses
und des neu angelegten Küchengartens mit fließendem Wasser wurde
1580 ein alter Wachtturm am Schlosshof zum Wasserturm aufgestockt.

Der Berliner Knüppelkrieg

Der Stadtchronist berichtet: „Im Jahre 1567 im Augusto ist auch der Knüppel-Krieg gewesen, dass die Bürger beider Städte Berlin und Cölln in voller Rüstung haben müssen nach Spandau ziehen, zu denen sind die Spandauschen gestoßen; da sind die meisten langen Spieße zerschnitten worden, kurze Fest-Stangen daraus gemacht, und sind die Bürger etzliche zu Schiffe, etzliche hin und wieder auf und um der Festung zu Haufen mit unterschiedlichen Losungen vertheilt, und bei Nacht ein Anfall geschehen, dadurch ihrer viel beschädiget, und wenn solcher Scharmützel wäre bei Tage geschehen, wäre eine große Schlacht daraus geworden."

Drei Tage währte die Wasserschlacht, die der Kurfürst mit seinem Hofe von einem großen Schiff aus genoss, während die Kanonen böllerten und Pauker und Trompeter die musikalische Umrahmung besorgten. Die ins Wasser gefallenen „Krieger" wurden von bereitstehenden Fischerbooten aufgesammelt.

Während des anschließenden „Landgefechts" hatten die Spandauer dann aber keine Lust mehr, absprachegemäß die Verlierer zu geben. Sie lockten die Berliner und Cöllner in einen Hinterhalt, indem sie vortäuschten, zu fliehen, und begannen dann, mit ihren Knüppeln auf die Gegner einzudreschen, die sich ihrerseits erbittert wehrten. Wutentbrannt ritt der Kurfürst zwischen die Streiter, doch auch er wurde vom Pferd geknüppelt, und nur mit Mühe konnten seine Getreuen ihn aus dem Kampfgetümmel retten.

Am Abend trennte man sich unentschieden, doch in derselben Nacht noch ließ Joachim den Spandauer Bürgermeister aus dem Bett werfen und für einige Monate gefangen setzen. So konnte er in Ruhe darüber nachdenken, dass es nicht klug war, ein besserer Feldherr sein zu wollen, als der Kurfürst gestattete.

Bereits seit 1572 versorgte ein Leitungssystem mit einem Wasserturm jene Berliner Bürger, die der „Gewerkschaft der Wasserkunst" angehörten. In beiden Fällen war das Wasser jedoch schmutzig und konnte nur zu Wasch- und Löschzwecken benutzt werden.

Auf dem Werder jenseits der Spree entstanden 1602 ein Ballhaus, in dem man eine frühe Form des Tennis spielte, und eine Reithalle. Vom Schloss führte die sogenannte Hundebrücke (Vorgängerin der heutigen Schlossbrücke) über den kleinen Spreearm zum Jägerhof, wo man sich samt Hunden versammelte, um zum Schloss Grunewald zu reiten.

Für seine aufwendige Hofhaltung betrieb Joachim II. eine abenteuerliche Schuldenpolitik. Weil auch die Einführung zahlreicher Sondersteuern wie des „Biergeldes" nicht half, kam der Kurfürst schließlich auf die Idee, sämtliche Vermögenswerte der Berliner Kaufleute und Bankiers registrieren und jeglichen Schmuck, Münzen und Edelmetalle einziehen zu lassen – so geschehen am 4. August 1567. Die Betroffenen konnten später nur teilweise entschädigt werden. Bei seinem Tod 1571 hinterließ Joachim II. ein enormes Finanzchaos.

Büßen musste dafür vor allem Joachims II. „Hofjude" Lippold, der dem Kurfürsten als Finanzier und Mann für alle Fälle beistand. So sorgte er für den Lebensunterhalt der Mätressen des Fürsten, vor allem für Anna

Das Jagdschloss Grunewald, hier von Nordwesten betrachtet, gab dem Wald seinen Namen (Gemälde von J. F. Nagel, 1788)

Sydow, die Gattin des kurfürstlichen Glockengießers, die den Fürsten oft in Männerkleidung auf seinen Jagdausflügen zum Schloss Grunewald begleitete und mit ihm eine gemeinsame Tochter hatte. Die Legende erzählt, Joachims Sohn habe Anna Sydow nach dem Tod des Vaters im Berliner Schloss bei lebendigem Leib eingemauert, weshalb sie seitdem dort herumspuke. In Wirklichkeit hatte Johann Georg dem Vater einen Schutzbrief für Anna und ihre Kinder ausstellen müssen. Was ihn aber nicht hinderte, sie sofort nach dem Tode des Vaters in der Zitadelle Spandau einzusperren, wo sie nach vier Jahren starb.

Lippold war seit 1556 als „Oberster" der märkischen Juden für das Eintreiben des Schutzgeldes verantwortlich, betrieb die kurfürstliche Münze sowie eine Pfandleihe, die ihn in weiten Kreisen der Bevölkerung verhasst machte. Gleich nach Joachims Tod ließ sein Sohn Lippold verhaften und die Pfänder aus seinem Haus an die Pfandnehmer zurückgeben. Lippold wurde der Prozess gemacht, und als man ihm keine Unregelmäßigkeiten als Finanzier und Münzmeister nachweisen konnte, erzwang man auf der Folter das Geständnis der Zauberei, des Verkehrs

Die grausame öffentliche Hinrichtung des „Hofjuden" Lippold im Jahre 1573 (Ausschnitt aus einem zeitgenössischen Flugblatt)

mit dem Teufel und der Vergiftung des Kurfürsten, dem er in der Todesstunde zur Seite gestanden hatte. Im Januar 1573 wurde Lippold grausam hingerichtet.

Blieb Berlin auch im 16. Jahrhundert von Kriegen verschont, so drohten doch immer wieder Pestwellen, Teuerungen, die viele in die Armut rissen, und Hungersnöte aufgrund von Missernten. An die Vergänglichkeit des Lebens erinnert eindringlich der „Totentanz" in der Turmhalle der Berliner Marienkirche, der vermutlich 1484/85 entstand.

Die Armenordnung von 1596 bestimmte, dass erkrankte Bürger und Einwohner in einem der städtischen Spitäler auf Kosten der Stadt versorgt wurden. Unvermögende Schüler erhielten ebenfalls städtische Zuwendungen und durften durch Kurrendesingen vor den Haustüren Berlins und Cöllns etwas Geld hinzuverdienen. Die „Hausarmen", das heißt durch Krankheit oder Todesfälle in Not geratene Bürger, erhielten alle 14 Tage ein Almosen, das in drei Klassen gestaffelt war. Zusätzlich wurden für sie Sammelbüchsen in den Gasthäusern aufgestellt. Die vierte Klasse der Bedürftigen bildeten die Bettler. Die einheimischen Bettler wurden untersucht, und wenn sie tatsächlich nicht arbeitsfähig waren, erhielten

Ausschnitt aus dem Totentanz-Fresko in der Marienkirche (um 1484)

sie ein Bettelzeichen, mit dem sie an drei Tagen in der Woche von zehn bis zwölf Uhr vormittags betteln durften. Fremde Bettler versuchte man gar nicht erst in die Stadt gelangen zu lassen – was bei großen Festen und Jahrmärkten aber kaum zu vermeiden war.

Fast alle Bürger waren als Mitglieder in einer Bruderschaft für den Notfall abgesichert. Hofleute, Bürger, Gilden, alle wichtigen Zünfte und sogar die Gesellen einiger Gewerke bildeten eigene Bruderschaften, die sich vor allem dem religiösen Leben widmeten – indem sie zum Beispiel Altäre in den Kirchen stifteten oder Kirchenleuchter mit Kerzen versorgten –, aber auch der sozialen Fürsorge und der Geselligkeit. Jede Zunft feierte jährlich ihr Fest mit Umzügen, viel Bier, Musik und Tanz. Der Cöllner Schützenkönig, der jedes Jahr zu Pfingstmontag gekürt wurde, erhielt sogar vom Stadtrat Geld, damit er die „Unkosten desto leid-

Folgenden Tag ist Markgraf Christian auf dem Saal im Schlosse getauft worden, ist an dem Tag eine Fechtschule auf der Stechbahn, Montags danach ein stattlich Ringrennen gehalten, auf welchen man viel schöner und wunderbarlicher Erfindungen gesehen mit mancherlei Saitenspielen. Insonderheit aber ist Herzog Christian zu Sachsen mit Graf Jost zu Barby stattlich aufgezogen mit vier anderen, die ihnen auf den Dienst gewartet, mit güldenen Röcken und Sturmhauben, an Knien, Ellbogen und Schultern mit Löwenköpfen; sonst an Armen und Beinen mit fleischfarbenem Leinen, als wären sie bloß gewesen, angetan, wie man die heidnischen Könige pflegt zu malen, und sind die Musici in einer güldenen Arche Noä, oben mit einem geschnitzten Dach, dass man sie nicht hat sehen können, fürhergegangen, auf welcher ein kleiner Knabe, am ganzen Leibe bloß, mit einem platten Kleid von fleischfarbenem Leinen, mit Flügeln, Bogen, Köcher und verbundenen Augen, wie der Cupido gemalt wird, an einer großen eisernen Stange stehend, bekleidet gewesen, und haben zwei kleine Knaben mit schönen weißen Straußfedern, wie zwei Täubelein mit güldenen Schnäbeln und Augen, die Arche geführt wie Pferde, in welcher man lieblich musiziert, und sind etliche Tauben herausgelassen.

[...]

Donnerstags danach auf dem Abend hat man ein schönes Feuerwerk angezündet, welches etliche tausend Schüsse gehabt, in der Gestalt einer viereckigen Festung, mit Soldaten besetzt, und haben die Büchsenmeister viel merklicher Possen getrieben mit Stechen, Fechten in allerlei Wehren, die alle voller Schüsse gewesen, als wären's feurige Rosse und Männer, auch seltsame Feuerkugeln aus dem Wasser lassen fahren, welche, wenn sie in die Höhe kommen, grausam Feuer um sich geworfen, welches fast bei zwei Stunden gewährt.

Aus Peter Hafftiz' Bericht über das Tauffest des Markgrafen Christian 1581
in Berlin

licher tragen möge". In der Tat musste der Schützenkönig allen Brüdern und Schwestern der Bruderschaft ein halbes Stübchen (knapp zwei Liter) Wein, anderthalb Taler für das gemeinsame Bad und zu essen „nach seinem Gefallen und Vermögen" ausgeben. Beliebt war auch das Ochsenrennen am Fronleichnamstag, als dessen Siegprämie ein Bogen, ein Schwert und ein Schwein ausgesetzt waren.

Private Feste wurden ausgiebig gefeiert – ein Hochzeitsfest etwa dauerte in der Regel drei Tage: Am Sonntagnachmittag zog der Hochzeitszug zur Trauung in die Kirche, nach dem Festessen wurde dann im Festsaal des Berliner oder des Cöllner Rathauses zum Tanz aufgespielt. Am zweiten Tag erfolgte die Einsegnung in der Kirche mit anschließendem

Festessen und Tanzabend. Am dritten Tag kamen Verwandte, Freunde und Bekannte dann zur „Nachhochzeit" auf dem Rathaus zusammen – und wieder wurde gegessen, getrunken und getanzt. Mehrere Luxusordnungen, die aber anscheinend nicht recht befolgt wurden, sollten die Bürger daran hindern, sich zu verschulden, aber auch die Einhaltung der Standesgrenzen sicherstellen. So ordnete die Polizeiordnung von 1580 die Bürgerschaft in vier Stände und wies jedem Stand eine maximale Zahl an Tischen und Gästen, Dienern und Gerichten, Musikanten und Fackelträgern zu. Auch wurde Zahl und Qualität des Schmucks und der Kleidung reglementiert. Die Schneider der Stadt wurden verpflichtet, keine Aufträge auszuführen, die dem Stand eines Kunden widersprachen. Wein wurde übrigens in Berlin-Cölln selbst produziert: 1565 befanden sich im Umland 70 „Weinberge" und 26 „Weingärten".

Die Stadtverfassung von 1442 bestand formal während des gesamten 16. Jahrhunderts fort, wobei neben den Stadtrat als weiteres Organ die Gemeindeverordneten – Vertreter der Stadtviertel, der Zünfte und des nicht amtierenden Rates – traten. De facto jedoch redeten der Kurfürst

Neben den kirchlichen und den städtischen gab es noch – eigentlich verbotene – private Winkelschulen (Holzschnitt aus dem 16. Jh.)

und die Institutionen des Hofes den Städten immer mehr in ihre Angelegenheiten hinein. Selbst in relativ unbedeutenden Fragen behielt der Kurfürst sich, seinem Kanzler oder seinem Geheimen Rat die letzte Entscheidung vor. Der 1604 gegründete „Geheime Rat" entwickelte sich zum zentralen Beratungsgremium des Fürsten. Die Beamten des Hofes waren der kurfürstlichen Gerichtsbarkeit mit dem Hausvogt an der Spitze unterstellt und zudem von städtischen Abgaben und Dienstleistungen befreit. Handwerker, die für den Hof arbeiteten, konnten als „Freimeister" vom städtischen Zunftzwang ausgenommen werden.

Die Städte übten die Marktaufsicht aus und regelten sämtliche Steuersachen, die Einquartierung von Soldaten und seit der Reformation auch das Schulwesen. Die Grundlagen zum Studium legten die Lateinschulen, die der Nikolai- und der Petrikirche angegliedert waren. Basiswissen vermittelten die Elementarschulen und eine „Freischule" für die Kinder der Armen. Außerdem gab es die sogenannten „Winkelschulen", eigentlich verbotene Privatschulen. Als alle Berliner und Cöllner Bürger 1615 nach dem „Berliner Tumult" Eidesunterschriften leisten sollten, konnte etwa die Hälfte ihren Namen schreiben.

Gewölberäume im Gymnasium zum Grauen Kloster, 1894

1574 gründete der Kurfürst das (noch heute bestehende) „Gymnasium zum Grauen Kloster", das im aufgelösten Franziskanerkloster untergebracht wurde. Schon zwei Jahre nach der Gründung unterrichteten 13 Lehrer über sechshundert Schüler. 1658 erhielt Berlin ein zweites Gymnasium, als das 1607 vom Kurfürsten gegründete Joachimsthalsche Gymnasium aus der uckermärkischen Kleinstadt nach Berlin verlegt wurde.

Um 1600 wuchs Berlin-Cölln allmählich über den Ring der mittelalterlichen Stadtmauern hinaus. Vor den Stadttoren entstanden die ersten Vorstädte, viele Bürgergärten wurden mit Gartenhäusern oder -lauben versehen. Auf der Feldmark um die Stadt bildeten sich größere „Vorwerke", die reichen Bürgern oder Hofbeamten gehörten.

Die „Zweite Reformation" und der „Berliner Tumult"

Als Kurfürst Johann Sigismund am Weihnachtstag 1613 mit 55 Mitgliedern seines Hofes zum reformierten (oder calvinistischen) Glauben übertrat, mochte ihm das Volk nicht folgen. Johann Sigismund sicherte den Lutheranern zwar die Religionsfreiheit zu – schließlich blieben auch seine Ehefrau Anna und die Töchter lutherisch –, das Volk jedoch traute dem Frieden nicht und erst recht nicht den neuen Hofpredigern.

Es waren wohl vor allem Gerüchte, die den „Tumult" zum Ausbruch brachten. Zwei Wochen vor Ostern 1615 ließ Markgraf Johann Georg in Abwesenheit seines Bruders den Dom, der 1608 zur obersten Pfarrkirche von Cölln erklärt worden war, von allen Bildern, Epitaphien und Kruzifixen „säubern". Von einem Bild in der Petrikirche soll er dabei gesagt haben, es zeige „Schand und Hurerei". Worauf sich der junge Diakon der Petrikirche in seiner nächsten Predigt zu den Worten verstieg: „Willst Du reformieren, so zieh nach Jülich, da hast Du zu reformieren genug!" (Was die Kurfürstin mit

Kurfürst Johann Sigismund (Porträt von C. van de Passe, 1610)

den Worten kommentierte: „Welcher Hencker hat ihn geheißen von Jülich zu predigen?") Schnell ging das Gerücht um, der Diakon solle verhaftet werden. Eine Menschenmenge versammelte sich zum Schutz vor seinem Haus. Die Stadtchronik berichtet: „Nachdem sie starck bezechet, seindt sie drei stundt in der nacht auf die gassen ungestürmer weiß geloffen, undt ein schreckliches geschrei, darunder viel Gotteslesterungen, offentlich hören lassen, daß sie alle die Calvinistischen Predicanten zue todt schlagen." Als der Markgraf mit einigen Knechten herbeigeritten kam, um zu beschwichtigen, fielen Schüsse, er wurde von

Die Petrikirche auf einem Kupferstich von 1736

einem Stein getroffen und musste sich zurückziehen. Die Menschenmenge ging auf die Häuser der reformierten Hofprediger los und plünderte sie („viel an Bücher, Silber und andern Vorrath daraus diebisch entwandt"). Am nächsten Tag herrschte wieder Ruhe, wohl auch wegen des Gerüchts, der Markgraf wolle mit Gewalt gegen die Stadt vorgehen.

Der Kurfürst kehrte eilends in seine Residenz zurück und nahm mithilfe der Landstände die Untersuchung auf, bei der 150 Zeugen gehört wurden. Doch die Rädelsführer waren längst über alle Berge, auch der Diakon hatte sich nach Wittenberg abgesetzt. Im Urteil vom Januar 1616 wurde er förmlich des Landes verwiesen, einige Haftbefehle wurden ausgefertigt, aber dabei blieb es. Die Stadt wurde nicht zur Rechenschaft gezogen. Vor allem verzichtete der Kurfürst endgültig auf das ihm nach dem Augsburger Religionsfrieden von 1555 zustehen-

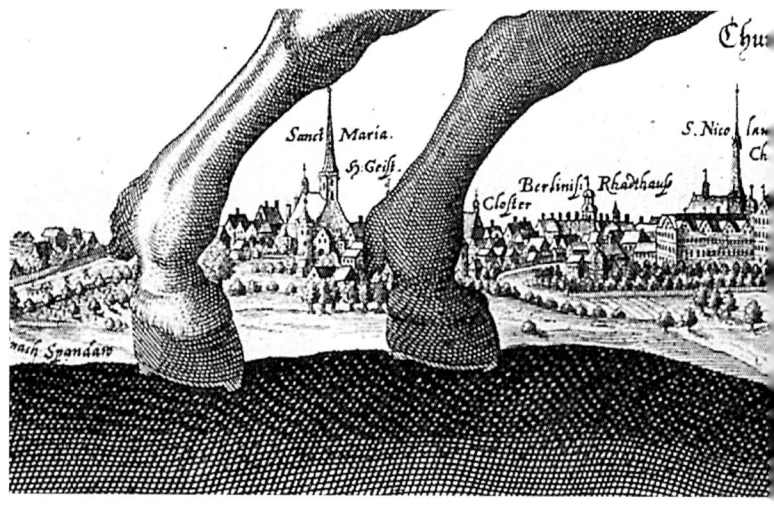

de Recht, das Bekenntnis seines Volkes festzulegen („Cuius regio, eius religio").

Die „Zweite Reformation" war gescheitert. Schon um die kleine Minderheit der eigenen Glaubensbrüder zu schützen, waren die künftigen Herrscher nunmehr zur Toleranz in religiösen Fragen verpflichtet – ob sie wollten oder nicht. Allerdings gab es noch unter dem Großen Kurfürsten teils heftige Auseinandersetzungen zwischen Lutheranern und Reformierten.

Kurfürst Johann Sigismund hatte der Streit schwer mitgenommen. Als einziger Hohenzoller legte er im November 1619 seine Amtsgeschäfte nieder und zog sich, weil im Cöllner Schloss die „Weiße Frau" spukte, ins Haus seines Kammerdieners im Nikolaiviertel zurück, wo er im Januar 1620 verstarb.

Die „Weiße Frau", die erstmals 1597 wenige Tage vor seinem Tode dem Kurfürsten Johann Georg erschienen sein soll, identifizierte man gemeinhin als Anna Sydow, der Johann Georg so übel mitgespielt hatte. In den folgenden Jahren und Jahrzehnten berichteten auffällig viele Angehörige des Hofes, die „Weiße Frau" gesehen zu haben, und so vermutet man, dass es das Gespenst tatsächlich gab: in Form von Hof-

Die „kurfürstlichen Residenzstadt Berlin und Cöln" (Ausschnitt aus einem Stich von A. Ch. Kalle, um 1635)

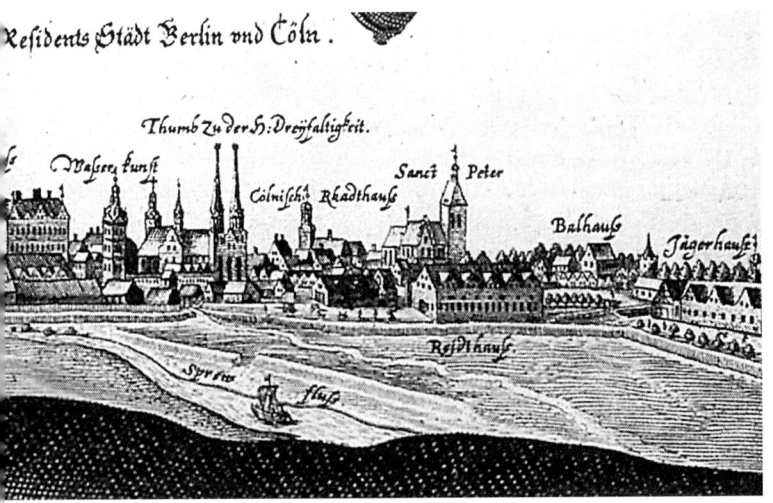

bediensteten, die in Verkleidung umhergingen, um Besucher zu ängstigen oder auch einen ungeliebten Kurfürsten zu vertreiben.

In die kurze Regierungszeit Johann Sigismunds fielen zwei weitere Ereignisse, die für die Geschichte Berlins und Brandenburgs wegweisend wurden: Nach dem Aussterben der Herzöge von Jülich erhielt Brandenburg 1614 aus der Erbmasse das Herzogtum Kleve und die Grafschaften Ravensberg (um Bielefeld) und Mark (um Bochum, Hamm, Lüdenscheid), 1618 kam das Herzogtum Preußen hinzu. Das Herrschaftsgebiet des Kurfürsten erstreckte sich nun – allerdings nicht zusammenhängend – „von der Maas bis an die Memel", wie es Hoffmann von Fallersleben später für die deutsche Nationalhymne formulierte. Von seiner inneren Verfassung her war Brandenburg-Preußen jedoch alles andere als eine Großmacht, wie der 1618 aufflammende europäische Religionskrieg zeigen sollte.

Der Dreißigjährige Krieg

Der Einschnitt, den der Dreißigjährige Krieg (1618–48) für die Geschichte der Stadt bedeutete, ist kaum zu überschätzen. Entscheidend waren weniger die Kriegsgeschehnisse selbst als vielmehr die Lehren, die der junge Kurfürst Friedrich Wilhelm, der 1640 zwanzigjährig die Regierung übernahm, aus der Katastrophe zog. Seine Entscheidungen bildeten die Grundlage für den späteren Aufstieg Berlins zur deutschen Metropole.

Kurfürst Georg Wilhelm verfolgte das Ziel, Brandenburg aus den Kriegshändeln zwischen den Protestanten unter Führung der Schweden einerseits und den Katholiken unter Führung des Kaisers andererseits herauszuhalten. Als dies nicht gelang, schlug er sich zunächst auf die katholische, dann

Siegel der Stadt Berlin aus dem Jahr 1618

auf die schwedische, dann wieder auf die kaiserliche Seite. Dabei besaß Brandenburg kein schlagkräftiges Heer, und so wurde das Land, zwischen dem schwedischen Vorpommern und dem katholischen Sachsen gelegen, zur leichten Beute der jeweils gerade feindlichen Partei. Mal waren es die Schweden, mal die Kaiserlichen, die fast Jahr für Jahr durchs Land zogen, Dörfer und Felder plünderten und die Städte um hohe Schutzgelder erpressten. Das Land verödete, viele Bewohner flohen in sicherere Gegenden.

Zerstört wurde Berlin-Cölln nicht, doch in Gefahr befand es sich mehrfach. 1631 etwa stand Gustav II. Adolf mit seinen Truppen bei Treptow und forderte vom Kurfürsten, seinem Schwager, freien Durchzug durchs Land. Als Georg Wilhelm sich weigerte, besetzte der Schwedenkönig kurzerhand mit tausend Mann die Stadt. Georg Wilhelm musste Gustav II.

Kurfürst Georg Wilhelm auf einem Kupferstich von 1635

Der schwedische König Gustav II. Adolf (Stich, um 1630)

Adolf schließlich nicht nur freies Geleit zusichern, sondern auch die Nutzung der Festungen Spandau und Küstrin und den Unterhalt der schwedischen Truppen von monatlich 30 000 Talern. Als Gustav II. Adolf am 16. November 1632 in der Schlacht von Lützen (bei Leipzig) gefallen war, rückten die kaiserlichen Truppen ins Land und erpressten ihrerseits Berlin-Cölln. Kaum hatte Georg Wilhelm 1635 den Prager Frieden unterzeichnet und sich damit auf die katholische Seite gestellt, waren die Schweden wieder da und erhielten durch die Androhung von Massakern hohe Schutzgelder.

Die tausend Mann, die der Kurfürst 1634 in Berlin hatte stationieren lassen, und die verbündeten Truppen, die zeitweilig in den Städten einquartiert waren, benahmen sich ebenfalls, als wären sie in Feindesland. Hinzu kamen fünf Pestepidemien, die Berlin-Cölln zwischen 1626 und 1638 heimsuchten. Allein 1631 erlag rund ein Viertel der Stadtbevölkerung dem „Schwarzen Tod".

Musketier und Reiteroffizier der Leibgarde von Georg Wilhelm

Der Kurfürst flüchtete schließlich mit seinem Hofstaat 1637 in die preußische Residenz Königsberg. Die Regierung überließ er seinem Statthalter Graf Schwarzenberg, der sich in der Festung Spandau verschanzte. 1640 ließ Schwarzenberg die Gebäude vor dem Berliner Georgentor, im Ja-

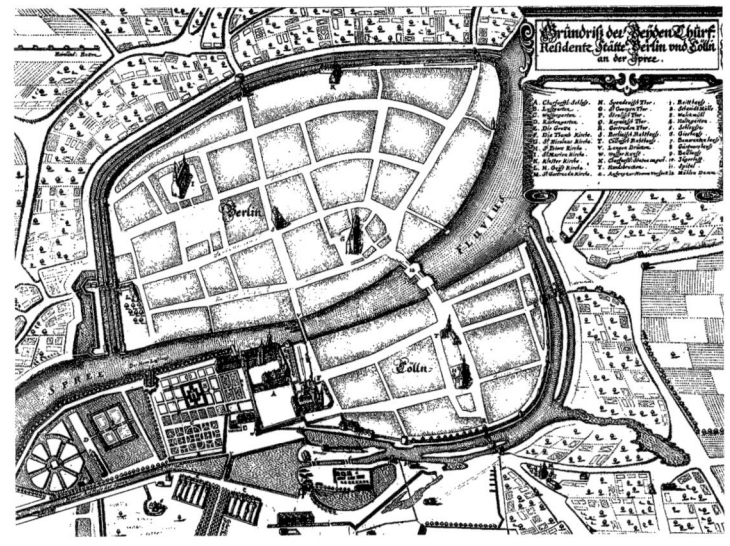

Der erste Berliner Stadtplan, gezeichnet von dem Politiker und Landschafts-
planer J. G. Memhardt, um 1650

nuar 1641 auch die Häuser, Scheunen und Gärten vor der Cöllner Stadtmauer einebnen, um freies Schussfeld zu erhalten – wie sich herausstell-
te, eine völlig überflüssige Aktion.

Schwarzenberg starb im März 1641, und der junge Kurfürst Friedrich
Wilhelm schloss wenig später einen Waffenstillstand mit den Schweden. Er entließ einen Großteil seiner Söldner und zahlreiche Offiziere
und bildete 1643 ein erstes stehendes Heer von 2700 Mann – den Kern
der späteren preußischen Armee. Als der Kurfürst im März 1643 erstmals nach Berlin-Cölln kam, war die Bevölkerung um ein Drittel bis
die Hälfte geschrumpft, viele Häuser und Grundstücke waren zerstört,
Handel und Gewerbe lagen am Boden – nicht zuletzt, weil sich der
kurfürstliche Hof nunmehr seit Jahren in Königsberg befand. Das Land
ringsum war verwüstet, „die Ratsdörfer seindt sämmtlichen abgebrannt
und liegen in deren Asche – woher denn auch die Feldmarken wüste
und elendiglich verlassen stehen, von Menschen oder von Vieh ist keine
Ansicht weit und breit".

1648–1815
Berlin als Hauptstadt
von europäischem Rang

Wie der Phönix aus der Asche – Berlin unter dem Großen Kurfürsten

Auch wenn der Westfälische Friede erst 1648 in Osnabrück und Münster geschlossen wurde, begann seit 1643 der Wiederaufbau Berlins und Cöllns. Friedrich Wilhelm ließ zunächst das Schloss wiederherstellen und erweitern sowie den Nutz- in einen barocken Lustgarten (als Erholungsort des Kurfürsten und seiner Bediensteten) umgestalten. Diese Arbeiten gaben vielen Städtern Lohn und Brot. Das nötige Geld lieh sich der Fürst von den wenigen Kriegsgewinnlern im Lande wie dem Spandauer Kommandanten Ribbeck. Einen gewichtigen Anteil am Aufschwung der Stadt hatte der kurfürstliche Hof, der nun wieder Handel und Handwerk mit zahlreichen Aufträgen versorgte.

Als Basis für den staatlichen Wiederaufbau erkannte Friedrich Wilhelm eine gut organisierte Verwaltung. Er forcierte den Auf- und Ausbau eines zentralistischen Staatsapparats, dessen Kern die Steuererhebung bildete, und baute das stehende Heer bis zu seinem Tode 1688 auf rund dreißigtausend Mann aus. Im Gegenzug gestand der Kurfürst den Adligen Steuerfreiheiten und die Polizei- und Justizgewalt auf ihren Gütern zu. Friedrich Wilhelm, den die Zeitgenossen seit seinem Sieg über die Schweden bei Fehrbellin 1675 den „Großen Kurfürsten" nannten, verfolgte auch in der Außenpolitik weitgesteckte Ziele. Mit Hinterpommern brachte er nach dem Westfälischen Frieden ein großes Stück Ostseeküste unter seine Herrschaft, das strategisch so wichtige Vorpommern mit der Odermündung wurde jedoch erst 1720 preußisch.

Seit den 1670er-Jahren baute der Kurfürst eine Seeflotte auf, 1682 wurde eine „Afrikanische Kompanie" für den Überseehandel gebildet. Und für ein Vierteljahrhundert war Berlin-Cölln gar die Hauptstadt einer Kolonialmacht, wenn auch einer unbedeutenden. Groß-Friedrichsburg an der Küste Ghanas wurde schließlich 1717 an die Niederlande verkauft.

Seine Residenz ließ der Kurfürst seit 1658 zur Festung ausbauen. Bis 1662 war das Berliner Teilstück mit fünf Bastionen fertiggestellt. Auf Cöllner Seite wurden in den Ring aus acht Bastionen auch der Werder, die von einem Spreearm umschlossene Insel westlich der Stadt, und ein schmaler Streifen südlich von Cölln miteinbezogen. Hier entstand der

Der brandenburgische Kurfürst Friedrich Wilhelm ging als „Großer Kurfürst"
in die Annalen ein (Gemälde von M. Czwiczek, 1642)

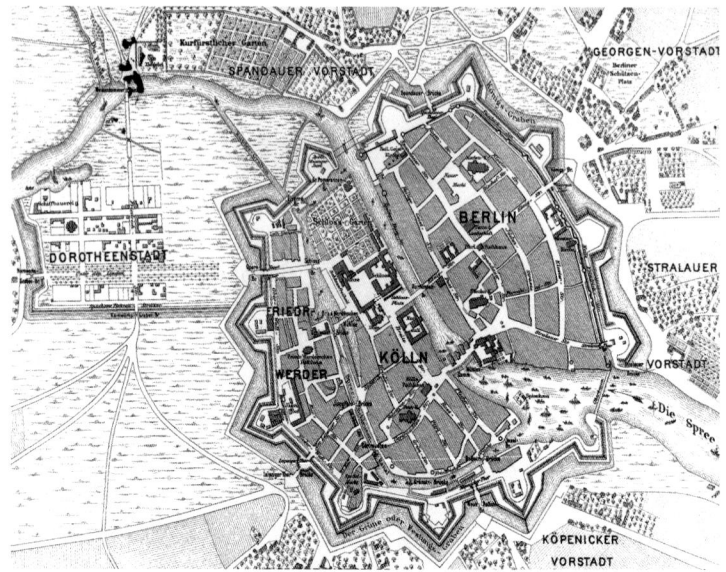

Die Neu- und Vorstädte zeugen vom wirtschaftlichen Aufschwung Berlin-Cöllns
(Stadtplan von La Vigne, 1685)

aus nur zwei Parallelstraßen bestehende Stadtteil Neu-Cölln. Auf dem
Werder wurde die neue Stadt Friedrichswerder angelegt – nach Plänen
des Festungsbauleiters Gregor Memhardt, den der Kurfürst 1660 zum
ersten Bürgermeister ernannte. Die Bewohner waren überwiegend kurfürstliche Bedienstete.

Als die alte Cöllner Stadtmauer 1680 abgerissen werden konnte,
wurde der „Kupfergraben" zwischen Cölln und Friedrichswerder durch
Kaimauern befestigt und mit Ziehbrücken nach holländischem Vorbild
versehen. Eine letzte, die Jungfernbrücke, ist bis heute erhalten.

1674 gründete der Kurfürst eine zweite Neustadt: die durch Wälle
und Palisaden geschützte Dorotheenstadt längs der entstehenden
Prachtstraße Unter den Linden. 1688 kam, bereits in der Regierungszeit
Friedrichs III., die Friedrichstadt als dritte und größte Neustadt hinzu.
Ansiedlungswillige wurden durch zahlreiche Vergünstigungen angelockt.
Sie erhielten Baukostenzuschüsse und kostenlos oder zum halben Preis
Bauholz gestellt. Außerdem gab der Magistrat die wüst liegenden Stel-

len in der Stadt kostenlos an Bauwillige ab. Gänzlich ungeplant wuchsen auf der Berliner Seite zeitgleich die Königsvorstadt, die Stralauer und die Spandauer Vorstadt, die, weil auf einem Gelände der Kurfürstin liegend, ebenfalls gefördert wurde.

Die Neu- und Vorstädte veranschaulichen das Wachstum Berlin-Cöllns, das wie nur wenige andere Städte vom wirtschaftlichen Aufschwung nach dem Dreißigjährigen Krieg profitierte. Die Bevölkerung stieg von etwa sechstausend im Jahr 1650 auf rund fünfzigtausend im Jahr 1709, wesentlich schneller als die Zahl der Häuser – immer mehr Menschen wohnten zur Miete.

Gezielt versuchte der Kurfürst, Neubürger nach Brandenburg zu holen. Entgegen den hohen Erwartungen ließen sich aus den Niederlanden, wo Friedrich Wilhelm einen großen Teil seiner Jugend verbracht und (in Leiden) studiert hatte, nur wenige Wasser- und Schiffbauspezialisten anlocken. Wesentlich wichtiger wurde die Wiederansiedlung von Juden, die offiziell seit 1572 in der Mark Brandenburg nicht mehr geduldet waren und die nun das im Dreißigjährigen Krieg zusammengebrochene

Der Lustgarten

Im Küchengarten des Schlosses wurden 1649 die ersten Kartoffeln Berlins, damals noch Tartuffeln genannt, angebaut. Über die Verwendungsmöglichkeiten dieser „Küchenwurzel" schrieb der Gartenmeister und kurfürstliche Leibarzt Johann Sigismund Elßholz: „In den Küchen werden sie vornehmlich auf viererlei Art zubereitet. Erstlich siedet man sie im Wasser mürbe, und wenn sie erkaltet, so zieht man ihnen die auswendige Haut ab, alsdann gießt man Wein darüber und lässt sie mit Butter, Salz, Muskatblumen und dergleichen Gewürz von neuem kochen, so sind sie bereit. Danach kann man sie mit Hühner-, Rind- oder Kalbfleischbrühe kochen und abwürzen oder sie auch an Rind- und Hammelfleisch tun. Oder man schneidet die abgekochten Tartuffeln in runde Scheiben und brät sie in der Pfanne. Oder man schneidet Zwiebel und Essig daran und lässt es also durchbraten."

Der Lustgarten entwickelte sich bald zu einem beachtlichen botanischen Garten mit fast tausend nicht-heimischen Gewächsen. Nach Elßholz' Plänen entstand ab 1679 in Schöneberg ein Hof- und Küchengarten, der seit 1718 den Namen Botanischer Garten trug und in dem ab 1819 der Schriftsteller Adelbert von Chamisso als Kustos tätig war. Ab 1899 verlegte man den Botanischen Garten nach Lichterfelde und gestaltete das alte Gelände zum öffentlichen Park um – es ist heute der Kleistpark.

Berlin, Cölln und die drei Vorstädte werden zur „Haupt- und Residenzstadt" Berlin vereinigt						
Nach dem Toleranzedikt von Potsdam ziehen zahlreiche Hugenotten nach Berlin				Kurfürst Friedrich krönt sich in Königsberg zum „König in Preußen"		
Gründung der drei Vorstädte Friedrichs-werder, Dorotheenstadt und Friedrichstadt						
1500	1600	1660–88	1685	1700	1701	1709

Geld- und Kreditwesen wiederauf-bauen sollten. Am 21. Mai 1671 gewährte der Kurfürst fünfzig jü-dischen Familien aus Wien – zeit-lich begrenzte – Aufnahme in der Teilstadt Berlin. Ihre Zahl stieg rasch an, da die Schutzgelder und Sonderabgaben, die sie zu zahlen hatten, die kurfürstliche Kammer naturgemäß erfreuten. Die Berliner Juden beschränkten sich zunächst fast völlig auf den Handel mit Geld und Pfändern, konnten ihre Tätigkeit jedoch bald ausweiten. Durch ihren freien Handel wa-

Das Kurfürstenpaar vor den Kartoffeln im Schlossgarten (um 1885)

ren sie den in Zünften organisierten christlichen Händlern und Hand-werkern deutlich überlegen. Und so ist es kein Wunder, dass die Alt-eingesessenen immer wieder Verbote und Auflagen für die unliebsame Konkurrenz forderten. 1672 wurde an der Großen Hamburger Straße der erste Jüdische Friedhof Berlins angelegt, erst 1714 in der Heide-reuthergasse die erste öffentliche Synagoge geweiht. Damals dürf-ten rund siebzig jüdische Familien in der Stadt gewohnt haben.

Berlins erste Synagoge in der Heide-reutergasse (Zeichnung, 1821)

Zur wichtigsten Zuwanderer-gruppe aber entwickelten sich die Hugenotten, Franzosen refor-mierten Glaubens. Im Gefolge des

Erweiterung der Stadt und Bau einer Akzisemauer mit 14 Stadttoren

Siebenjähriger Krieg: Preußen etabliert sich als europäische Großmacht

Rückkehr des Königs, Preußische Reformen, erste freie und geheime Wahl des Stadtparlaments

Napoleon besetzt Berlin

Zweite französische Besetzung Berlins und Spandaus

„Edikts von Potsdam", mit dem Friedrich Wilhelm am 20. Oktober 1685 auf die Aufhebung des Toleranzedikts von Nantes reagierte, ließen sich rund fünftausend Franzosen in Berlin, Cölln und vor allem in den drei Neustädten nieder. Damit stellten sie ein Viertel der Gesamtbevölkerung. Lange Zeit führten die Hugenotten ein eigenes kulturelles Leben mit einer eigenen Kirchengemeinde, einem eigenen Gerichtsbezirk und einem eigenständigen Französischen Gymnasium. Hugenottische Handwerker durften zunächst 15 Jahre lang als „Freimeister" außerhalb der Zunftordnungen arbeiten, später bildeten sie zum Teil separate hugenottische Gilden. Mit ihnen kamen zahlreiche neue Handwerkstechniken nach Berlin, etwa die Herstellung von Taschenuhren, Schmuck, feinen

Friedrich Wilhelm empfängt 1685 in Potsdam eine Abordnung französischer Flüchtlinge (nach einem Gemälde von E. A. Fischer-Cörlin, 1885)

WIE DER PHÖNIX AUS DER ASCHE   99

Metallarbeiten und Tapeten, die Emailleverarbeitung, die Wollkämmerei sowie die Gold- und Silberdrahtzieherei.

Eine wichtige Rolle kam den Franzosen aber auch beim Aufbau des Berliner Manufakturwesens zu, das gemäß der merkantilistischen Wirtschaftstheorie durch Steuernachlässe subventioniert und durch hohe Zölle vor auswärtiger Konkurrenz geschützt wurde. Produziert wurden in diesen frühen Fabriken unter anderem Seifen, Textilien, Gobelins, Spielkarten, Waffen und Uhren.

Mit dem Bau des heutigen Oder-Spree-Kanals zwischen Fürstenberg und Müllrose / Fürstenwalde 1669–71 verbesserte sich die Verkehrslage Berlins ganz erheblich. Berlin wurde nun wieder zum wichtigsten Hafen zwischen Oder und Elbe, Schlesien und der Nordsee und löste Frankfurt als wichtigsten Binnenhafen der Mark ab.

In den brandenburgischen Städten führte Friedrich Wilhelm ein gerechteres Steuersystem ein: Die Akzise wurde auf alle Lebensmittel,

Die Hugenotten

Ursprünglich bezeichnete man die etwa zwanzigtausend französischen Glaubensflüchtlinge, die nach dem „Edikt von Potsdam" 1685 nach Brandenburg und Berlin kamen, als Réfugiés. Erst im 19. Jahrhundert kam auch im Deutschen der Begriff Hugenotte auf, dessen Herkunft umstritten ist. Zunächst als Schimpfwort gebraucht, bezeichneten sich seit dem 16. Jahrhundert die französischen Protestanten so.

König Heinrich IV. hatte mit dem Toleranzedikt von Nantes 1589 die blutigen Auseinandersetzungen zwischen Katholiken und Protestanten in Frankreich beenden können. Die katholische Kirche blieb zwar Staatskirche, doch war den Protestanten nun Glaubensfreiheit und freie Religionsausübung garantiert. Nach dem Tod Heinrichs IV. kam es erneut zu Gewalttätigkeiten gegen die konfessionelle Minderheit. Schließlich widerrief Ludwig XIV. 1685 im Edikt von Fontainebleau alle Zugeständnisse seines Großvaters. Den Protestanten wurde bei Androhung schwerer Strafen die Ausübung ihrer Religion untersagt, alle Geistlichen mussten das Land verlassen. Vermutlich rund zweihunderttausend Menschen flüchteten daraufhin (obwohl der König die Ausreise verboten hatte) ins Ausland. Rund vierzigtausend kamen in die deutschsprachigen Länder, die Hälfte von ihnen nach Brandenburg. Rund sechstausend ließen sich in Berlin nieder. Als zumeist kenntnisreiche Fachleute und anfangs vom Landesherrn privilegiert, kamen viele bald zu Wohlstand und Ansehen. Ihre Geschichte erzählt in Berlin das Hugenottenmuseum im Französischen Dom am Gendarmenmarkt.

Der Blick über die Spree auf das Berliner Schloss auf einem kolorierten Stich von J. Stridbeck d. J., 1690

später auf alle Waren des täglichen Bedarfs erhoben. Seit 1681 trieben nicht mehr die Städte selbst, sondern staatliche Steuerkommissare die Abgaben ein. Die Stadträte wurden nun vom Kurfürsten bestimmt – oft waren es verdiente Beamten und ausgebildete Juristen. Als oberste kommunale Behörde fungierte seit 1658 das direkt dem Kurfürsten unterstellte Militärgouvernement mit einem Kommandanten an der Spitze. Ihm unterstanden die Soldaten, die nach und nach in Berlin-Cölln stationiert wurden – 1659 waren es zweitausend Mann zuzüglich Frauen und Kinder.

Das Militärgouvernement koordinierte aber auch all das, was man in der Sprache der Zeit die „Policey" nannte: die Feuerwehr, die Straßenreinigung und -beleuchtung, die Nachtwächter, die Aufsicht über Mauern, Tore und Brücken.

Das Bild der Stadt wandelte sich: Die öffentliche Straßenbeleuchtung begann 1679 mit dem kurfürstlichen Befehl, an jedem dritten Haus ein brennendes Licht aufzuhängen – 1682 wurden dann schon die ersten Laternen auf Pfählen aufgestellt. Wegen der Feuergefahr wurden Strohdächer und Kamine aus Lehm und Holz verboten, leicht entflammbare Vorräte mussten nun in einem „Scheunenviertel" außerhalb der Stadt gelagert werden, und auch Schweineställe wurden aus der Stadt verbannt. Die kleinen Abwasserkanäle an den Straßen wurden überwölbt. 1680 befahl der Kurfürst allen Hauseigentümern, die Straßen vor ihrem Haus bis zur Straßenmitte zu pflastern, wenig später mussten an den

Blick in die Brüderstraße in Cölln im Jahr 1690 (kolorierter Stich von J. Stridbeck d. J.)

viel befahrenen Straßen auch die vorspringenden Treppen und Keller-eingänge verschwinden. Auch wenn viele Ge- und Verbote nicht flächen-deckend eingehalten wurden, rühmten Fremde doch immer wieder die Sauberkeit in der Stadt.

1683 wurde den Fuhrwerken das schnelle Fahren in der Stadt verboten – es war mehrfach zu Unfällen gekommen. Des Nachts musste nun jedes Fahrzeug eine Laterne oder Fackel tragen. Etwa zur gleichen Zeit entstanden die ersten „öffentlichen Verkehrsmit-tel": die von zwei Männern getra-genen Sänften, Portechaisen oder Tragsessel, die man an drei Stand-plätzen – vor dem Schloss, am Rathaus und auf dem Friedrichs-werder – für eine Wegstrecke oder stunden- und tageweise mieten konnte. 1739 wurden Pferdetaxen eingeführt.

Der Theologe Philipp Jakob Spener (Stich von M. C. Steudner, 1660)

Glas für den Kurfürsten

Johannes Kunckel, Sohn eines Alchimisten aus Norddeutschland, experimentierte zunächst am Hof in Lauenburg / Elbe mit Metallen und Phosphor, ehe er um 1670 vom sächsischen Kurfürsten für das hohe Jahresgehalt von 1000 Talern nach Dresden geholt wurde – sicherlich um den Traum, den so viele Landesherren hatten, zu erfüllen: unedle Metalle in Gold zu verwandeln. Das gelang natürlich nicht, der Kurfürst zahlte ihm bald kein Gehalt mehr, und so war Kunckel dankbar für die Offerte aus Berlin, wo er seit 1678 für den Großen Kurfürsten die Produktion edler Gläser übernahm – mit Erfolg. Kunckel wurde Teilhaber der (Potsdam-)Drewitzer Glashütte und ein wohlhabender Mann, und im Jahr 1685 übertrug ihm Friedrich Wilhelm schließlich „erb- und eigentümlich" den Pfauenwerder, die heutige Pfaueninsel. In seinen dortigen Laboratorien glückte Kunckel, der auch ein europäisches Standardwerk zur Glasherstellung schrieb, unter andererm die Herstellung eines Rubinglases von besonderer Leuchtkraft. Vom Kurfürsten hatte er alle Privilegien erhalten, um ein autarkes Leben auf der Insel zu führen (inklusive der Rechte, Mehl zu mahlen, zu backen, zu brauen und Branntwein zu brennen). Keiner seiner Mitarbeiter durfte die Insel verlassen, niemand außer dem Kurfürsten sie betreten. Kunckel selbst leitete weiterhin die Glashütte in Drewitz und besaß ein Stadthaus in der Klosterstraße. Nach dem Tode des Kurfürsten 1688 änderten sich die Zeiten: Friedrich III. warf ihm vor, trotz hoher Kosten wenig Brauchbares zustande gebracht zu haben. (Worauf Kunckel geantwortet haben soll: „Der hochselige Herr Kurfürst war ein Liebhaber von seltenen und kuriosen Dingen und freute sich, wenn etwas zustande gebracht wurde, was schön und zierlich war.") Kunckel, durch den Brand seines Laboratoriums 1689 wirtschaftlich ruiniert, wurde der Untreue angeklagt und schließlich zur Rückzahlung von 8000 Talern verurteilt. 1692 ging er auf Einladung des schwedischen Königs nach Stockholm, wo er hohe Anerkennung erfuhr und sogar in den Adelsstand erhoben wurde.

Berlin wurde nun auch ein Ort des Geistes. Es entstanden die ersten Buchverlage und Zeitungen, der Kurfürst baute die im Krieg zerstreuten Kunst- und Naturaliensammlungen wieder auf, und die kurfürstliche Bibliothek stand jedem Interessierten offen. Paul Gerhardt, 1657–66 Pastor der Nikolaikirche, gilt als bedeutendster protestantischer Kirchenlieddichter nach Luther. Viele seiner Texte vertonte der Kantor der Nikolaikirche, Johann Krüger. Von 1688 bis zu seinem Tod 1694 wirkte der bedeutende Jurist und Theoretiker des Absolutismus, Samuel von Pufendorf, am Berliner Hof. 1691 kam der bekannteste Theologe seiner Zeit, Philipp Jakob Spener, als Konsistorialrat an die Nikolaikirche und mit ihm die Idee des Pietismus, einer von innerem Fühlen bestimmten Glaubensrichtung, die dem Ausgleich zwischen Lutheranern und Reformierten entscheidend den Weg bereitete. Zur „Union" beider Kirchen in Preußen kam es schließlich 1817 – dreihundert Jahre nach Luthers Reformation.

Berlin wird Königsresidenz: Die Regierungszeit Friedrichs III./I.

Der Sohn und Nachfolger des Großen Kurfürsten führte Berlin in den Kreis der europäischen Königsresidenzen. Nach zehnjährigen Verhandlungen errang (und erkaufte sich) Friedrich III. vom Kaiser die Zustimmung zu einer prestigeträchtigen Rangerhöhung: Am 18. Januar 1701 krönte er sich selbst in Königsberg zum „König in Preußen". Erst als auch Westpreußen mit der ersten polnischen Teilung 1772 an Preußen fiel, nannte sich sein Enkel Friedrich II. „König von Preußen". Friedrich, als König nun wieder „der Erste", baute Berlin zielstrebig zur Residenzstadt von europäischem Rang aus. Es entstanden das Zeughaus und am Ort der heutigen Staatsbibliothek der Marstall, in den auch zwei wissenschaftliche Institutionen zogen: Die 1696 gegründete Akademie der Künste, die drit-

Das um die Wende zum 18. Jh. erbaute Zeughaus Unter den Linden war ursprünglich ein Waffenarsenal (Fotografie, 1881)

te in Europa nach London und Paris, brachte als Gelehrtenversammlung und Ausbildungsstätte zugleich Maler und Bildhauer, Architekten und Stuckateure, Kupferstecher und Ziselierer, Mathematiker und Astronomen zusammen. 1700 kam auf Initiative der Kurfürstin Sophie Charlotte die „Sozietät der Wissenschaften" hinzu, als deren Gründungspräsident die aus Hannover stammende Kurfürstin den berühmten Hannoveraner Universalgelehrten Gottfried Wilhelm Leibniz gewinnen konnte. Leibniz hat allerdings nie dauerhaft in Berlin gewohnt, 1711 verließ er, enttäuscht über die anhaltende finanzielle Unterversorgung des Projekts, endgültig die preußische Hauptstadt. 1710 gründete der König als Pesthaus die „Charité", die durch die Verknüpfung von medizinischer Lehre und ärztlicher Praxis (seit 1727) wegweisend wurde. 1711 kam mit Antoine Pesne einer der bedeutendsten Porträtisten des Rokoko als Hofmaler nach Berlin. 1706 arbeiteten zehn privilegierte Buchdrucker in Berlin, die alle auch eine Buchhandlung führten.

Neben Büchern druckten sie vor allem Predigten, Trauer- und Hochzeitsreden und Streitschriften. 1713 kam die später zum bedeutendsten Verlag der deutschen Aufklärung aufgestiegene Nicolai'sche Verlagsbuchhandlung hinzu.

Wichtigstes Projekt des Königs aber war der Um- und Ausbau des Stadtschlosses zur großen Barockresidenz, der von Andreas Schlüter 1698 begonnen und 1716 von Eosander von Göthe abgeschlossen wurde. Ein Opfer des schlechten Baugrunds wurde allerdings der

Der Philosoph Gottfried Wilhelm Leibniz (C. B. Francke, 1695)

„Münzturm", der zwei Jahre nach Baubeginn wieder abgerissen werden musste. Schlüter, einer der bedeutendsten europäischen Künstler seiner Zeit, wurde vom König entlassen.

Rings um Berlin ließ Friedrich weitere Schlösser und Lusthäuser errichten oder erweitern, darunter Oranienburg, Niederschönhausen und Lietzen- oder Lützelburg beim Dorf Lietzow, das der Kurfürstin Sophie Charlotte als Sommerresidenz diente und nach ihrem Tod 1705 den Na-

Der von dem hoch-berühmten Hr. Bau-Directorn Andreas vö Schlütter Seel. inventirte und in ein unvergleich lich schönes Model verfertigte, so genandt Münts-Thurn in Berlin.

Andreas Schlüters Entwurf für den Münzturm des Berliner Schlosses

men Charlottenburg erhielt. Die kleine Siedlung vor dem Schloss wurde zur Stadt Charlottenburg erhoben, der König, seine Söhne und hohe Hofbeamte „spielten" den Magistrat.

Auch die Hofbeamten, die es sich leisten konnten, errichteten sich prächtige Stadtpalais und Landhäuser in Berlin. Die Schlösser dieser „Residenzlandschaft" waren durch Flüsse, Bäche oder künstlich angelegte Kanäle miteinander verbunden, auf denen der König und seine Hofgesellschaft in Booten, Gondeln oder der 25 Meter langen und sieben Meter breiten Yacht „Liburnica" unterwegs waren.

Des Morgens um 6 Uhr mussten alle Handwerksburschen von hier nach Schönhausen marschieren, daselbst wurden sie vom König besehen. […] Als nun die Handwerksburschen, wobei sich auch die Fleischer befunden, vom König besichtigt waren, marschierten sie wieder vor Berlin und stellten sich auf ihre angewiesenen Plätze. Nachmittags gegen 4 Uhr geschah das Königliche Entree: 1. eine Kompanie Grand Musketier; 2. eine Kompagnie Gendarmen; 3. 62 Karossen, jede mit sechs Pferden; 4. die Handpferde; 5. die Königlichen Pagen; 6. die Kammerjunker; 7. 20 Trompeter nebst zwei Paar Pauken; 8. Königliche Hofgrandes; 9. der Kronprinz nebst vielen Kavalieren; 10. Ihro Königliche Majestät, sitzend zu Pferde, mit vielen Schweizern und Lakaien umgeben; 11. die Königin in einer Karosse, davor acht Pferde; 12. die Garde du Corps, bestehend in drei Kompanien; 13. die sämtlichen Fleischer aus allen Städten, geharnischt zu Pferde; 14. die Vorstädter Bürger, danach die Franzosen, item Handwerksburschen mit ihren Fahnen und guter Montierung. Unter währendem Einzug wurden die Geschütze auf den Wällen abgefeuert und mit allen Glocken geläutet.
Der zeitgenössische Chronist Christian Wendland über den Einzug des frischgekrönten Königs nach Berlin. Den Abschluss der Feierlichkeiten bildete vier Tage später ein großes Feuerwerk

Friedrichs Bauprogramm und seine Hofhaltung verschlangen Unsummen. 1712 umsorgten den König dreißig Kammer- und fünf Hofjunker, acht Hofkammer- und Hofstaatsbedienstete, sechs Hof- und Leibmediziner, zwölf Geheime Kammerdiener und zahlreiche weitere Bedienstete, Pagen und Lakaien. Neben 36 festangestellten Hofmusikern standen weitere 24 Trompeter und zwei Paukisten in königlichen Diensten.

Zur Finanzierung verkaufte und verpachtete Friedrich Ämter und Behörden und verfiel auf solch exquisite Einnahmequellen wie eine Perücken- und eine Karossen-

Königin Sophie Charlotte (Gemälde von F.W. Weidemann, 1702)

steuer. Als er 1713 starb, hinterließ er dennoch einen Schuldenberg von 20 Millionen Talern.

Zu den wenigen erfolgreichen Sparmaßnahmen des Königs zählt dagegen die Verschlankung der Verwaltung. Am 18. Januar 1709, am achten Jahrestag seiner Krönung, verschmolz Friedrich per Edikt die fünf Residenzstädte Berlin, Cölln, Friedrichswerder, Dorotheenstadt und Friedrichstadt zur neuen „Haupt- und Residenzstadt Berlin". Die Verwaltung unterstand nun einem 19-köpfigen Magistrat, der sich paritätisch aus Lutheranern und Reformierten zusammensetzte. Die vier nun länger als ein Jahr amtierenden Bürgermeister, zwei Syndici, drei Kämmerer und zehn Ratsherren wurden vom König auf Lebenszeit berufen.

Die königliche Segeljacht Liburnica, nach 1706

Berlin unter dem „Soldatenkönig"

Friedrich Wilhelm I. nannte sich selbst „Gottes schlichter Amtsmann", sein Staatsideal war innere Stärke, nicht äußerer Glanz. Nach dem Tod seines Vaters am 25. Februar 1713 machte Friedrich Wilhelm dem „tollsten Haushalt in der Welt" (so er selbst) ein Ende. Er entließ einen Großteil des Hofstaats und senkte die Ausgaben für Repräsentationszwecke radikal – was zunächst zu einem erheblichen Rückgang in der Berliner Wirtschaft führte.

König Friedrich Wilhelm I. (Gemälde von A. Pesne, 1733)

Die Finanzstruktur des brandenburgisch-preußischen Staates erwies sich jedoch als intakt. Und so konnte der neue König rasch sein wichtigstes Ziel anpacken: den Ausbau der Armee. In den 27 Jahren seiner Regierung verdoppelte der „Soldatenkönig", der seit 1725 in der Öffentlichkeit nur noch Uniform trug, das Heer auf 83 000 Mann. 1720 stellten die Soldatenfamilien etwa ein Fünftel der Berliner Bevölkerung. Nach wie vor waren sie in Privatquartieren untergebracht – der Bau von Kasernen begann erst unter Friedrich II. In und außerhalb der Stadt entstanden Exerzierplätze, so an der Stelle des Lustgartens vor dem Schloss und auf dem Tempelhofer Feld. Interessanterweise hielt sich aber gerade der „Soldatenkönig" aus allen Kriegshändeln heraus.

Die Erfordernisse des Militärs bestimmten nun auch das Wirtschaftsleben. Besonders das Textilgewerbe wurde gefördert, und schon bald konnten die preußischen Soldaten komplett mit inländischem Tuch eingekleidet werden. Es entstanden große Manufakturen, die teilweise in staatlicher Regie geführt wurden: Mit viertausend Beschäftigten galt etwa das „Königliche Lagerhaus" in der Klosterstraße als Europas größ-

Der „Soldatenkönig" inspiziert seine „Langen Kerls" (Holzstich von
H. Kaeseberg, um 1890)

te Tuchmanufaktur. Einzelne Arbeitsschritte der Produktion erfolgten
im Verlagssystem, bei dem die Fabrikbesitzer den formell selbstständi-
gen Handwerkern die zu verarbeitenden Rohstoffe „vorlegten" und die
spätere Abnahme des fertigen Produkts garantierten. Die Handwerker,
besonders die Weber, wurden so gleichsam zu ausgelagerten Fabrik-
arbeitern, die völlig von ihren Auftraggebern abhängig waren.

Während sich Wollprodukte sogar zum Exportgut entwickelten, konnte die Berliner Seidenfabrikation nur dank hoher Importzölle gegen die
französische Konkurrenz bestehen. Die Versuche unter Friedrich II., die
Seidenraupenzucht im Lande heimisch zu machen (zum Beispiel in Tegel
und Adlershof), scheiterten. Generell jedoch konnte die Leistungsfähig-
keit der brandenburgischen Landwirtschaft beträchtlich gesteigert werden – was auch Berlin als größtem Handelsplatz des Landes zugutekam.

Berlins gute Verkehrslage wurde konsequent ausgebaut. Der 1746 eröffnete Plaue-Parey-Kanal verkürzte den Wasserweg nach Magdeburg,
der Finowkanal den Weg nach Stettin erheblich. Neben dem alten Pack-
hof auf dem Friedrichswerder entstand 1743 ein zweiter als Zollstation

Der Hackesche Markt von Süden, im Hintergrund ragt der Turm der Sophienkirche auf (Radierung von J. G. Rosenberg, 1781)

und Lagerstätte auf der heutigen Museumsinsel. Seit 1685 bildete Berlin das Zentrum eines sternförmig ausstrahlenden Postkutschennetzes.
1712 begann der Postzwang, anfangs für Briefe, später auch für Pakete
und die Personenbeförderung. 1739 nahm die Börse im ehemaligen
Neuen Lusthaus am Lustgarten ihren Betrieb auf.

Auch unter dem Soldatenkönig blieb Brandenburg-Preußen ein „Ein-
wanderungsland". Fachleuten vor allem der Textilindustrie versprach
der König Zoll- und Abgabenfreiheiten. Zudem kamen immer wieder
Glaubensflüchtlinge nach Berlin, so etwa zweitausend böhmische Protestanten und kleinere Gruppen Pfälzer, Schweizer und Sachsen. 1740
war Berlin mit knapp hunderttausend Einwohnern die größte deutsche
Stadt nach Wien.

128 verschiedene, zum Teil sehr spezialisierte Handwerksberufe zählte
man 1730 in Berlin. Der Staat versuchte, das Zunftsystem immer weiter aufzuweichen. So wurde zum Beispiel der Zugang zum Meisteramt
wesentlich erleichtert, was den Wettbewerb verschärfte, aber auch die
Konkurrenzfähigkeit der Produkte erhöhte. Zudem arbeiteten immer
mehr Handwerker unselbstständig in den Manufakturen. Für einfache
Arbeiten wurden nun auch Kinder und die Insassen der Armen-, Zucht-
und Waisenhäuser herangezogen.

Ansicht der Mauerstraße mit der Böhmischen Kirche (Radierung von
J. G. Rosenberg, 1785)

Die Konjunkturkrise der 1730er- und 40er-Jahre stieß beträchtliche
Teile der Bevölkerung in die Armut. Sie traf nicht nur kleine Handwerker
und Händler, sondern auch viele Soldaten. Obwohl sie unter strenger
Strafe standen, waren Desertionen an der Tagesordnung. Alle männlichen Einwohner Preußens waren im Prinzip der Wehrpflicht unterwor-
fen, die jedoch nicht konsequent umgesetzt wurde. Preußische Soldaten
dienten ihr Leben lang, bekamen aber in der Regel neun Monate im Jahr
Urlaub. Die Einwohner einiger großer Städte, darunter Berlin, waren vom
Wehrdienst befreit.

Die Reform der Staatsverwaltung 1722 band die Stadt Berlin ganz
in den absolutistischen Staatsapparat ein. Als zentrale Staatsbehörde
installierte der König das „General-Ober-Finanz-, Kriegs- und Domänen-
Direktorium". Für Berlin war die regionale Unterbehörde, die „Kurmärki-
sche Kriegs- und Domänenkammer", zuständig, deren Vorsitzender als
„Stadtpräsident" nun auch die Stadtverwaltung leitete. Friedrich II. erweiterte ihre Befugnisse noch um die Polizeiaufsicht.

Friedrich Wilhelm I. ließ das Berliner Stadtgebiet beträchtlich vergrö-
ßern. Die Friedrichstadt wurde ab 1732 nach Westen und Süden erweitert, die Hauptstraßen endeten in drei Schmuck- und Exerzierplätzen:
Rondell (heute Mehringplatz), Octogon (Leipziger Platz) und Quarré

Das Rondell vor dem Halleschen Tor (heute Mehringplatz) auf dem Idealplan
von 1740

(Pariser Platz). Ganz im Westen, an der heutigen Wilhelmstraße, entstanden auf Druck des Königs prächtige Adelspalais, um das Kollegienhaus
für das Kammergericht und andere Behörden (heute Jüdisches Museum)
entwickelte sich ein „Geheimratsviertel".

Auch die barocken Vorstädte sowie große unbebaute Landflächen
wurden nun in die Stadt einbezogen. Die 1738 errichtete „Akzisemauer"
bestand links der Spree aus einer etwas über drei Meter hohen Steinmauer, rechts der Spree begnügte man sich mit einem Palisadenzaun,
der „Linie". Sie diente als Steuergrenze und sollte Soldaten vom Deser-
tieren abhalten. Ihr Verlauf und die Lage der anfangs 14, später 18 Stadttore, die überwiegend aus zwei massiven und wenig geschmückten Tor-
pfosten bestanden, lassen sich noch heute gut am Stadtplan ablesen
(Linienstraße, Palisadenstraße, Tore). Zudem wurden die alten Festungsanlagen um Alt-Berlin, Cölln und den Friedrichswerder abgebaut. Die
Festungsgräben allerdings blieben erhalten – Friedrich II. ließ sie später
durch Brücken mit repräsentativen Kolonnaden schmücken.

Die einzigen Repräsentationsbauten, die sich der Soldatenkönig
gönnte, waren prächtige Kirchtürme, die an bestehende Kirchen angebaut wurden. Erhalten blieb allein der Turm der Sophienkirche, der der
Parochialkirche wurde kürzlich wiederaufgebaut.

Bereits 1717 hatte der König den Zaun rings um den Tiergarten niederlegen lassen: Die unter seinem Vater in einen prächtigen Barockpark umgestaltete Anlage mit dem Großen Stern als Kreuzungspunkt der wichtigsten Alleen im Zentrum war nun jedermann zugänglich. Ein Jahr später hatten Berliner Hausbesitzer eine Brandversicherung gegründet, die in veränderter Form, aber unter gleichem Namen bis heute existiert: die Feuersozietät. Und noch ein interessantes Geschehnis fällt in die Regierungszeit des Soldaten-

Sophienkirche in der Spandauer Vorstadt (Ch. D. Schleuen, um 1736)

königs: Die Müllerstochter Dorothea Steffin hatte sich selbst beschuldigt, mit dem Teufel verkehrt zu haben. Das Kriminalgericht attestierte

Blick vom Brandenburger Tor in den Tiergarten, den Friedrich II. für die Berliner öffnen ließ (Zeichnung von F. A. Calau, 1818)

Ich habe noch keinen schöneren öffentlichen Spaziergang gesehen. Die Mannigfaltigkeit des Gehölzes, der Alleen, Gebüsche, bedeckten Gänge und Irrgärten übertrifft alle Phantasie. Er hat weit über eine Stunde im Umfang und auch Wasser genug, um ihm mehr Leben zu geben, als die Spaziergänge großer Städte gemeiniglich zu haben pflegen.

In diesem Park sieht man auf die Sonntage Berlin in seinem Glanz. Er ist für das hiesige Publikum, was die Tuilerien für die Pariser sind, nur ist das Gemisch der Spazierenden hier mannigfaltiger. Er wird vom Pöbel und der feineren Welt gleich stark besucht. Man fährt und reitet darin ohne Einschränkung herum. Auf einigen Plätzen desselben findet man, wie in den Tuilerien, große und mächtige Zirkel von Damen auf Ruhebänken sitzen, und die Freiheit, sie zu beschauen und sie unter die Nase zu beurteilen, ist hier so groß als zu Paris. Man trifft hier auch zu gewissen Zeiten einen großen Teil der hiesigen Gelehrten beisammen. Man hat Erfrischungen von jeder Art. Man spielt, verirrt sich mit Damen oder Mädchen in einsame Gebüsche, verabredet Zusammenkünfte, und es steht hier nicht wie zu Wien immer ein Polizeidiener auf dem Sprung, einem verirrenden Paar auf dem Fuß nachzuschleichen.

Der Schriftsteller Johann Caspar Riesbeck in den 1783/84 erschienenen „Briefen eines reisenden Franzosen über Deutschland" über den Tiergarten

ihr geistige Verwirrtheit und ordnete an, sie im „Infamen Loch", dem Zuchthaus in Spandau, unterzubringen. Mit diesem Spruch endete 1728 der letzte „Hexenprozess" in der Geschichte Berlins.

Berlin unter Friedrich II.

Friedrich Wilhelms Sohn, Friedrich II., war ein Mann mit zwei unterschiedlichen Gesichtern: einerseits ein Machtpolitiker, der Preußen in mehrere schwere Kriege stürzte, um es zur Großmacht auszubilden, andererseits ein „roi philosophe" mit großer Liebe zur Architektur. Friedrich wollte Berlin zum glänzenden Mittelpunkt eines aufgeklärten Staates ausbauen, der die führenden Geister Europas anziehen sollte.

Am Hofe, in der Akademie, aber auch im neuen Theater auf dem Gendarmenmarkt dominierte die französische Sprache. Die deutschsprachige Literatur, die ja erst im 18. Jahrhundert aufblühte, erhielt ihre Impulse aus dem Bürgertum. Zur zentralen Gestalt wurde der Verleger und Schriftsteller Friedrich Nicolai, und auch Gotthold Ephraim Lessing

Der preußische König Friedrich II., genannt der Große, auf einem Gemälde von A. Graff, nach 1786

lebte mehrere Jahre in Berlin. In „Clubs" und „Gesellschaften" diskutierten Künstler und Kaufleute, Beamte und Bürger, Akademiker und Geistliche – das sich formierende „Bildungsbürgertum" – die wissenschaftlichen, literarischen und politischen Neuigkeiten. Berlin wurde zu einer gewichtigen Verlagsstadt. 13 Buchhandlungen gab es im Jahr 1760, bei rund zweihundert in ganz Deutschland.

Berliner Geistesleben unter Friedrich II.

Zur Zeit Friedrichs II. forschten und lehrten in Berlin unter anderem die Mathematiker Leonhard Euler und Joseph Lagrange, der Philosoph Johann Georg Sulzer und der Forstwissenschaftler Johann Gleditsch. Andreas Marggraf entdeckte in Berlin den Zuckergehalt der Runkelrübe, sein Schüler Franz Carl Achard entwickelte ein Verfahren zur Herstellung von Zucker, mit dem schließlich das Monopol des tropischen Rohrzuckers gebrochen werden konnte. 1788 entdeckte der Chemiker Martin Heinrich Klaproth in Berlin das Element Uran. Überstrahlt wurde ihr Wirken allerdings durch den Ruhm des französischen Philosophen Voltaire, der 1750–53 am Hof des Königs in Potsdam weilte. Ebenfalls in Berlin lebte seit 1743 der bedeutende jüdische Philosoph Moses Mendelssohn, den Friedrich II. trotz des Votums der Mitglieder nicht in die Akademie berief. Das Musikleben blühte dank bedeutender Hofmusiker auf, allen voran Carl Philipp Emanuel Bach, der als bedeutendster Komponist seiner Zeit galt.

Der Philosoph Voltaire

Gleich 1740 nahm Friedrich den Neubau eines repräsentativen Stadtzentrums in Angriff, das Bauten für die Politik, die Künste und die Wissenschaft verbinden sollte. Am Forum Fridericianum entstanden die Staatsoper und, nach dem Gewinn Schlesiens, die Hedwigskirche als katholische Pfarrkirche Berlins. Hinzu kamen das Palais des Königsbruders Prinz Heinrich (heute Humboldt-Universität) und die Königliche Bibliothek, der ein Plan Fischer von Erlachs für die Wiener Hofburg zugrunde lag. Überhaupt studierte der König immer wieder die Bilder europäischer Barockarchitektur, um Anregungen zu erhalten oder gar komplette Fassaden in Berlin oder Potsdam zu kopieren. Hinter diesen aufwendigen, vom König selbst oder mit seiner Hilfe finanzierten Häuserfronten entstanden schlichte Wohn- und Mietshäuser für einfache Bürger. Die Dorotheen- und die Friedrichstadt erhielten nach und nach ein prächtiges Gesicht, den Gendarmenmarkt schmückte Friedrich mit einem Komödienhaus und den Turmbauten des Deutschen und des Französischen Doms. Seit Mitte der 1740er-Jahre hielt sich Friedrich allerdings überwiegend in Potsdam auf – im Sommer in Sanssouci, im Winter im Stadtschloss.

Weniger repräsentativ entwickelten sich die nördlichen und östlichen Stadtteile. Nördlich der Akzisemauer, zwischen der heutigen Brunnen- und der Gartenstraße, wurden 1752–54 120 Familien von Bauhandwerkern angesiedelt, die überwiegend aus dem sächsischen Vogtland kamen, weshalb das Viertel (Neu-)Vogtland genannt wurde. In unmittelbarer Nähe, etwa am heutigen Gartenplatz, befand sich die „Scharfrich-

Moses Mendelssohn (links) im Gespräch mit Gotthold Ephraim Lessing

terei" mit dem Galgen, an dem erst 1839 die letzte Hinrichtung stattfand.

Doch die Regierungszeit Friedrichs des Großen hatte auch ihre Schattenseiten. Im Streben, Preußen einen angemessenen Platz im „Konzert der Großmächte" zu erobern, stürzte sich Friedrich in die zwei – sieg-

Das Königliche Opernhaus, die heutige Staatsoper Unter den Linden, auf einer Radierung von J. G. Rosenberg, 1773

Unter den Tanzsälen – so nennt man hier Vergnügungslokale, wo sich beide Geschlechter bei Musik, Bier, Wein und Tanz einfinden – kenne ich nur einen einzigen ehrbaren: Es ist der des Herrn Tändler in der Friedrichstraße nahe dem Halleschen Tor. Der Saal ist sehr lang und überaus schön. In der Mitte ist die Decke durchbrochen und um die viereckige Öffnung in der zweiten Etage ein Geländer angebracht, über welches man von oben in den Saal hinabsehen kann. [...] Oben und unten sieht man stets eine gewaltige Menge Menschen, die sich auf verschiedene Art zu zerstreuen suchen. Einige spielen Billard und unterhalten sich in dem oberen Saal, anderen trinken ein Glas Bier und rauchen eine Pfeife in dem unteren oder soupieren dort. Oft wird getanzt, Musik ist immer dabei.
Der Schriftsteller Justus Conrad Müller 1792

reichen – Schlesischen Kriege 1740–42 und 1744–45. Im Siebenjährigen Krieg 1756–63 schrammte er jedoch nur haarscharf an der Niederlage vorbei. Die Berliner Wirtschaft stürzte in eine schwere Krise. 1757 besetzte ein österreichisches Husarenregiment Berlin, 1760 konnten russische Truppen nur durch eine enorme Geldzahlung zum Abzug aus der besetzten Stadt bewogen werden – die Verhandlungen führte in dieser kritischen Situation übrigens kein Regierungsvertreter, sondern der Kaufmann Gotzkowsky.

Blick von der Schlossbrücke in die neue Prachtallee Unter den Linden, rechts vorn das Zeughaus (Radierung von J. G. Rosenberg, 1781)

Nach dem Siebenjährigen Krieg führte Friedrich noch bestimmter die merkantilistische Wirtschaftspolitik fort, indem er die heimische Produktion subventionierte und ausländische Konkurrenz durch hohe Importzölle unterband. Zahlreiche Manufakturen übernahm der Staat, so 1763 die Porzellanmanufaktur Gotzkowsky, die seitdem als KPM – Königliche Porzellan-Manufaktur firmiert (sie erhielt 1793 die erste Berliner Dampfmaschine). Andere neue Industriezweige wie die Emaille-, die Zucker- oder die Gipsproduktion erhielten beträchtliche Anschubfinanzierungen. Zudem reformierte der König das Berliner Kreditwesen, um den Einfluss vor allem der großen Hamburger Bankiers einzudämmen. 1807 bestanden neben der 1722 gegründeten Königlichen Seehandlung und der Königlichen Bank (von 1765) 41 Privatbanken in Berlin.

Die Königliche Porzellan-Manufaktur

Die Geschichte des Berliner Porzellans begann im Jahre 1751, als Wilhelm Caspar Wegely die erste Porzellanmanufaktur der Stadt gründete, die er allerdings sechs Jahre später wieder aufgeben musste. 1761 startete der Unternehmer Johann Ernst Gotzkowsky einen neuen Versuch, und da während des Siebenjährigen Krieges Sachsen und damit auch die Wiege der europäischen Porzellanherstellung, Meißen, in preußischer Hand war, konnte er einige Mitarbeiter von dort abwerben. Zwei Jahre später allerdings war auch das neue Unternehmen zahlungsunfähig. Doch der König, der am Porzellan Gefallen gefunden hatte, kaufte es Gotzkowsky ab und stellte es unter besonderen Schutz. Die nunmehrige Königliche Porzellan-Manufaktur erhielt das Herstellungsmonopol in Preußen, Meißner und anderes Porzellan wurde mit einem Einfuhrverbot belegt. 1787 besaß die KPM bereits Niederlassungen in Breslau, Danzig, Hamburg, Königsberg, Magdeburg, Stettin und Warschau – nach dem Meißner Porzellan waren die Kunstwerke mit dem Siegel „KPM" das begehrteste Porzellan europaweit. 1871 wurden die Produktionsanlagen von der Leipziger Straße an den heutigen Standort an der Spree westlich des Tiergartens verlegt. 1918 verstaatlicht und in „Staatliche Porzellan-Manufaktur Berlin" umbenannt, trägt die Firma seit 1988 wieder den traditionellen Namen, 2006 wurde sie vom Haus Hohenzollern aufgekauft.

KPM-Teller von 1844

Auf königlichen Befehl entstanden rings um Berlin neue Siedlungen und Kolonien, die der hauptstädtischen Textilindustrie zulieferten: bereits 1716 Moabit (benannt nach dem biblischen Land Moab) als Siedlung französischer Emigranten, 1737 Böhmisch-Rixdorf, 1749 Grünau, 1750 die böhmische Webersiedlung Neu-Schöneberg. Emigranten aus der Pfalz gründeten 1747 Müggelheim, 1753 wurde für Baumwollspinnerfamilien Friedrichshagen angelegt. Die größte Neusiedlung – mit 350 Hausstellen für böhmische Exilanten – entstand vor den Toren Potsdams: Nowawes, später in Babelsberg umbenannt.

Die letzten Jahre des „alten Systems"

Schon in den letzten Jahren der langen Regierungszeit Friedrichs des Großen begannen sich die Schwächen des Merkantilismus zu offenbaren. So kam es 1775 in den Seidenbetrieben zum ersten größeren Arbeitskampf in Berlin. Ganz deutlich wurden die Strukturprobleme aber in der Regierungszeit seines Neffen und Nachfolgers Friedrich Wilhelm II. (1786–97). Die das Kunstgebilde Preußen verbindende Idee der „Staatsraison" – jeder Bürger sei ein Diener des Staates – und die allumfassen-

Blick von den Rollbergen (heute Neukölln) auf Berlin, rechts ist das Kottbuser Tor zu sehen (Radierung von R. Bowyer, 1814)

Im ganzen gibt's hier schöne breite Straßen, die kaum das schwache Auge absehen kann, besonders ist die Friedrichstraße sehr regelmäßig und schön gebaut, und der jetzige König hat alles angewandt, diesen Teil der Stadt auszeichnend und schön zu machen; dahingegen gibt es in Berlin selbst elende Gassen, wie man sie nur immer in einer Landstadt finden kann – finster, eng, dass, wenn ein Wagen durchfährt, die Fußgänger solange halt machen müssen und dann so schmutzig sind, dass man eine schlechte Idee von der großen Königsstadt bekommt; überhaupt hat Berlin für einen Fremden, der vom Hamburger, Schlesischen und Cottbuser Tor hereinkommt, ein klägliches Ansehen, denn man findet elende, gestürzte Häuser, wüste, unbebaute Plätze, große Misthaufen vor den Türen, und die Bewohner tragen das Zeichen der äußersten Dürftigkeit auf ihrer Stirn. [...] Hingegen kommt man ins Brandenburger und Potsdamer Tor, so ruht das Auge mit Wohlgefallen auf den schönen Gassen und noch schöneren Palästen und Häusern, die nach der neuen Bauart, in verschiedenem mannigfaltigen Gusto, auf beiden Seiten erbaut sind. Besonders ist die Leipziger Straße die schönste. [...] Nur schade, dass die Auffahrten an den Häusern so steil in die Höhe gehen und daher die schöne Straße, wenn es etwas kotig ist, für den Fußgänger schlimm zu passieren ist. Die Friedrichstraße ist die größte, und die schöne perspektivische Vue, besonders in Wintertagen, wenn die Laternen angesteckt sind, und die schönen Gassen, die sie durchschneiden, geben dem Auge einen angenehmen Anblick.

An schönen öffentlichen Plätzen hat Berlin viele Vorzüge vor anderen Städten, wenn nur der Boden nicht so sandig und daher bei Windstößen die ganze Luft nicht verdickt wäre. Der Gendarmenmarkt wird der schönste Platz werden, wenn erst die beiden noch unvollendeten Türme ganz aufgeführt sein werden [...].

Der Schriftsteller August Friedrich Julius Knüppeln in seiner 1785 in Philadelphia erschienenen „Charakteristik von Berlin"

de Bürokratie, die sämtliche Lebens- und Wirtschaftsbereiche reglementierte, drohten nicht nur Selbstbewusstsein und Eigenverantwortung der Bürger zu ersticken, sondern unterbanden auch jegliche Eigeninitiative der Unternehmer. Lebensfähig blieb die preußische Industrie vor allem durch hohe Subventionen und die Abschottung des heimischen Marktes. Viele Berliner lebten in Armut, 1788 war fast jeder zehnte Einwohner auf staatliche Unterstützung angewiesen.

Der neue König fuhr dennoch die staatliche Wirtschaftsförderung zurück und konzentrierte sich im Übrigen auf seine Privatvergnügen. Dazu zählte unter anderem die Architektur, auf deren Feld nun der Klassizismus Einzug in Berlin hielt.

Der Pariser Platz von Osten mit dem Brandenburger Tor im Jahre 1854
(Stahlstich von J. Rabe)

Im Tiergarten entstand das Schloss Bellevue, am Neuen See in Potsdam das Marmorpalais, von dem der König einen schönen Blick auf sein kulissenhaftes Lustschloss auf der Pfaueninsel hatte, und während in Paris die Revolution tobte, schuf Carl Gotthard Langhans 1789–91 das Berliner Wahrzeichen schlechthin: das Brandenburger Tor. Zum Vorbild nahm er sich die Propyläen auf der Athener Akropolis – Berlin wurde zum „Spreeathen" (auch wenn der Begriff schon 1706 geprägt wurde).

Im geistigen Leben machte der rationale Absolutismus romantischen, teils sogar mystisch-spiritistischen Gedanken Platz. Propheten und Wunderheiler hatten Hochkonjunktur. Die vom König verfügten Zensurmaßnahmen schränkten die Pressefreiheit ein, dennoch blühte das kulturelle Leben. Berühmt waren die literarischen Salons von Henriette Herz und Rahel Levin (später Varnhagen). Das Deutsche Nationaltheater – so hieß der Bau am Gendarmenmarkt seit 1786 – stieg unter August Wilhelm Iffland zur führenden deutschen Bühne auf. Zu den großen Köpfen der „Berliner Frühromantik" gehörten Friedrich und August Wilhelm von Schlegel, Achim von Arnim, Wilhelm Heinrich Wackenroder, Clemens Brentano und Ludwig Tieck.

Im Jahr 1803 zählte Berlin 178 000 Einwohner und war damit die sechst-

Salonkultur

Prägend für das Berliner Geistesleben ab etwa 1780 waren die zahlreichen privaten „Salons", in denen man eine kultivierte Geselligkeit pflegte. Philosophische Fragen und die große Politik wurden ebenso erörtert wie die neueste Theaterpremiere und der aktuelle Stadtklatsch. Alles, was an Berliner Künstlern und Wissenschaftlern Rang und Namen hatte, besuchte regelmäßig die Salons der Rahel Varnhagen von Ense, geborene Levin, der von Arnims, der Henriette Herz oder der Herzogin von Kurland. Die Humboldts luden regelmäßig in ihr Schlösschen in Tegel, und in den 1830er- und 40er-Jahren war „der glänzendste gesellige Vereinigungspunkt wissenschaftlicher und

Henriette Herz (A. Graff, 1792)

künstlerischer Größen", so ein Zeitgenosse, das Haus des Bankiers Beer, des Vaters des Komponisten Giacomo Meyerbeer. Literaturfreunde versammelten sich in der 1824 gegründeten „Mittwochsgesellschaft", der drei Jahre später der „Tunnel über der Spree" folgte, eine Männergesellschaft, die sich jeden Sonntag in wechselnden Lokalitäten traf, um noch unveröffentlichten Werken zu lauschen. Die wohl einflussreichste literarische Gesellschaft im 19. Jahrhundert in Deutschland bestand bis 1898. Zu den Mitgliedern gehörten Theodor Fontane, Adolph Menzel und Paul Heyse, der 1910 den Literaturnobelpreis erhielt. Unter Musikfreunden gerühmt wurden die Hausmusikabende der Familie Mendelsohn in der Leipziger Straße.

Rahel Varnhagen von Ense
(M. M. Daffinger, um 1800)

größte Stadt Europas nach London, Paris, Wien, Amsterdam und St. Petersburg. Rund 14 000 Einwohner galten als „aktive Militärpersonen" (darunter 600 Offiziere, 400 Spielleute und 230 Kompanie-Chirurgen), 11 500 als ihre Angehörigen. Unter den 153 000 Zivilisten der Stadt zählte die Statistik 4400 Franzosen (Hugenotten), 3600 Juden (2,4 Prozent) und 530 Böhmen.

Im Jahr 1802 wurde nach 15-jähriger Bauzeit die teils neu erbaute, teils verstärkte Akzisemauer um die „Haupt- und Residenzstadt" fertiggestellt. Ganz Berlin war nun von einer 4,20 Meter hohen, aus Backstein errichteten Mauer umgeben, die wie ihre Vorgängerin vor allem als Zollmauer diente: An allen 14 Stadttoren belegten die insgesamt dreihundert „Accisebedienten" alle in die Stadt eingeführten Verbrauchsgüter mit einer Steuer.

Der heute kaum noch zu erkennende Molkenmarkt, Keimzelle Berlins, auf einer Radierung von J. G. Rosenberg, 1785

Alle paar hundert Meter waren zudem Schilderhäuschen in die Mauer gebaut, von denen aus Soldaten überwachten, dass kein Wehrpflichtiger aus der Stadt flüchtete. Die Steckbriefe der Deserteure prangten an einem „Schandpfahl" auf dem Molkenmarkt.

Die 17 Kilometer lange Mauer umfasste nun ein Stadtgebiet von fast 13,5 Quadratkilometern. Am Fuße der Mauer verlief ein Weg, die „Communication", auf der man die Stadt in rund vier Stunden umwandern konnte. Nur ein Viertel außerhalb der Stadtmauer war dichter besiedelt: die Rosenthaler Vorstadt im Norden, auch Neu-Vogtland genannt, in der etwa viertausend Menschen in zweihundert Häusern wohnten. Vor dem Leipziger Tor, südlich des Tiergartens, den Friedrich II. zu einem barocken „Lustpark für die Bevölkerung" hatte umgestalten lassen, entstand etwa seit 1790 als exklusives Wohngebiet die Friedrichsvorstadt, das spätere Tiergartenviertel. Außerdem lockten rings um Berlin nun Ausflugslokale, in denen man – steuerfrei – billig trinken und speisen konnte. Bereits 1760 hatte an einer eisenhaltigen Quelle der Weddinger Panke der Friedrichs-Gesundbrunnen eröffnet.

Immer mehr Straßen wurden nun mit Öllaternen beleuchtet, die aufgestellt oder an den Häusern befestigt waren. Angezündet, gereinigt und gewartet wurden sie von einer „Erleuchtungs-Invaliden-Compagnie", die aus sechzig Mann, einem Feldwebel und fünf Unteroffizieren bestand. Die tägliche Ölmenge war so bemessen, dass die Laternen, um Geld zu sparen, gegen Mitternacht verlöschten. Wer später unterwegs war, tat in mondscheinlosen Nächten gut daran, eine eigene Laterne mitzunehmen. 1799 führte man die straßenweise Nummerierung der Häuser ein und brachte an den Eckhäusern Straßenschilder an: mit goldener Schrift auf blauem Grund. Und seit dem Jahr 1800 gab es auch eine Stadtpost: 13 Briefboten trugen mehrmals täglich die Post

Der Neue Markt mit der Marienkirche auf einem Gemälde von J. F. Fechhelm, um 1780

aus, andere Boten liefen mit Glocken durch die Straßen und sammelten Briefe ein – Briefkästen gab es noch nicht. Für Briefsendungen innerhalb der Stadt zahlte der Absender sechs, der Empfänger drei Pfennige.

Napoleon in Berlin – Die französische Besatzung

Friedrich Wilhelm III. erbte von seinem Vater 1797 einen riesigen Schuldenberg und wenig geordnete Verhältnisse. Doch das Zupacken lag auch ihm nicht. Reformansätze verfolgte er nicht weiter. Den Prinzipien der Französischen Revolution, Gleichheit, Freiheit und Volkssouveränität, die sich im Sturm durch Europa verbreiteten, hatte der preußische König keine Vision entgegenzusetzen. Das „Allgemeine Preußische Landrecht" von 1794 hatte zwar die Justiz reformiert, zugleich aber die Prinzipien der Ständischen Gesellschaft betoniert, die jedem Bürger durch Geburt einen Platz in einer bestimmten Gesellschaftsschicht zuwies.

Außenpolitisch lavierte Friedrich Wilhelm III. zwischen Napoleon und seinen Gegnern und hoffte auf den Schutz der Neutralität. Als die Franzosen jedoch 1806 Ansbach und Bayreuth besetzten, forderte Friedrich Wilhelm ultimativ ihren Rückzug und erklärte Frankreich schließlich den Krieg – leichtfertig und völlig unvorbereitet. In der Doppelschlacht von Jena und Auerstedt wurden die Preußen am 14. Oktober vernichtend geschlagen. Und da auch Berlin kaum in der Lage war, sich zu verteidigen, rüstete jeder, der es sich leisten konnte, zur Flucht. Die Königsfamilie, die wichtigsten Behörden mit den Staatskassen und zahlreiche wohlhabende Bürger machten sich auf in Richtung Königsberg. Der Gouverneur ließ ein Plakat anschlagen: „Der König hat eine Bataille verloren. Jetzt ist Ruhe die erste Bürgerpflicht. Ich fordere die Einwohner Berlins dazu auf. Der König und seine Brüder leben!" Dann machte er sich selbst aus dem Staub.

Am 23. Oktober zog das französische Vorauskommando in die Stadt. Einen Tag später nahm Napoleon im Potsdamer Stadtschloss Quartier, am 26. nächtigte er im Schloss Charlottenburg, und am 27. Oktober erfolgte – bestens inszeniert und bei schönstem Wetter – der feierliche Einzug des Kaisers durch das Brandenburger Tor. Napoleon machte es sich im Schloss bequem, seine Truppen, die in Biwaks oder Privatquartieren übernachteten, ließen es sich mit Fleisch, Gemüse, Bier,

Das Schloss, vorn auf der Langen Brücke Andreas Schlüters – heute vor dem Schloss Charlottenburg stehendes – Reiterstandbild des Großen Kurfürsten

Napoleon reitet an der Spitze seiner Truppen durch das Brandenburger Tor in die Stadt, 1806

Wein und Branntwein gut gehen. Für Nachschub hatte der Magistrat zu sorgen.

Zwei Tage später wählten zweitausend vom Magistrat bestimmte Bürger eine sechzigköpfige „Generalverwaltungsbehörde", die aus ihrer Mitte sieben Mitglieder eines „Comité administratif" bestimmte. Diese sollten die Stadtverwaltung leiten, kontrolliert von einem „Intendanten" namens Bignon. Sämtliche hohe Staats- und Finanzbeamten Berlins mussten im Schloss erscheinen und dem neuen Stadtherrn Loyalität schwören. Einige schrieben bewusst unleserlich, ein Kriegsrat goss sogar „versehentlich" ein Tintenfass über die Unterschriften – aber alle unterschrieben. Die Minister unter ihnen wurden später vom König in Ungnade entlassen. Ende 1806 war dann auch die Bürgergarde komplett, eine 1200, später 1900 Mann starke uniformierte Truppe, die der französische Stadtkommandant befehligte.

Napoleons „Generalinspekteur der Museen" Denon inspizierte währenddessen die königlichen Schlösser und Sammlungen und ließ alles, was ihm gefiel, nach Paris verschiffen. So verschwanden aus den Schlössern Berlins, Charlottenburgs und Potsdams 116 Gemälde, 32 antike Statuen, 74 antike Büsten, 183 Bronzearbeiten, 538 geschnittene Steine, 7262 Medaillen und Münzen, 25 Elfenbein- und 23 Bernstein-

Napoleon Bonaparte, als Napoleon I. Kaiser der Franzosen, auf einem Gemälde
von J.-L. David, 1812

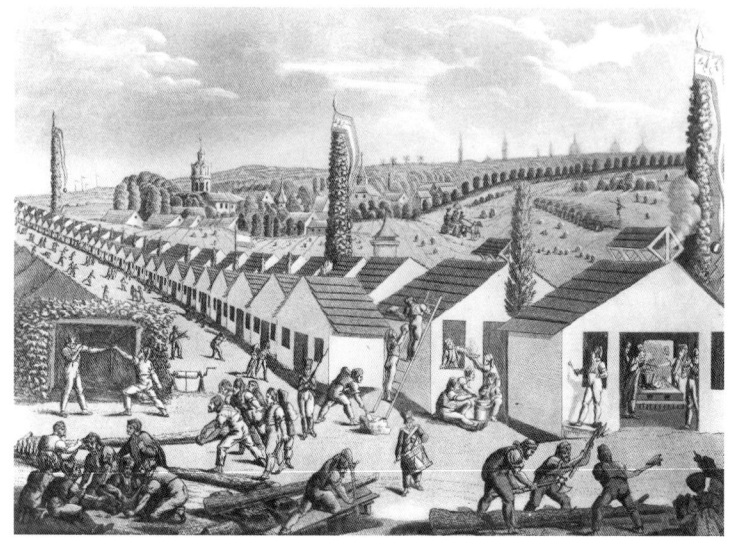

Das französische Militärlager „Camp Napoléonbourg" im westlich von Berlin gelegenen Charlottenburg, 1808

arbeiten, außerdem Marmor- und Bronzestücke, Manuskripte und Stücke der Sammlung Alexander von Humboldts. In Potsdam nahm Napoleon den Degen Friedrichs des Großen und andere Erinnerungsstücke an sich, und seine Offiziere bedienten sich ebenfalls nach Belieben. Anfang Dezember 1806 wurde die Quadriga vom Brandenburger Tor geholt und nach Paris geschickt.

Traf dies nur den Stolz der Berliner, so riss die Einquartierung der französischen Soldaten tiefe Löcher in die Kassen der zwangsverpflichteten Quartiergeber. Nacht für Nacht waren über zehntausend, manchmal sogar dreißigtausend durchziehende Soldaten unterzubringen. Der Minister von Reden beherbergte zeitweise einen General, einen Oberst, 16 Mann und 41 Pferde, die Familie Nicolai 22 Soldaten und 12 Pferde – die Kosten trugen die „Gastgeber". Wer niemanden aufnehmen konnte, musste einen Ausgleich zahlen. Hinzu kamen Gelder zum Unterhalt der Truppen, säuberlich abgerechnet für Heu und Stroh, Fleisch, Getreide und Salz, Bier, Wein und Schreibmaterialien. Im Frühjahr 1808 ließ Napoleon bei Charlottenburg eine Barackenstadt für 25 000 Soldaten errichten, die die Stadt Berlin finanzieren musste – inklusive eines Ballhauses!

Überdies forderten die Besatzer Kontributionszahlungen in Höhe von 140 Millionen Franken als Voraussetzung für ihren Abzug. Mit Sondersteuern, Krediten, Anleihen und anderen Mitteln gelang es dem „Comité administratif" schließlich, die enorme Summe aufzubringen. Zu einem hohen Preis: Ende 1808 betrug die Verschuldung der ausgebluteten Stadt viereinhalb Millionen Taler. Die Abtragung der Schulden dauerte bis 1861.

Wirtschaftlich stand Berlin vor dem Abgrund. Die Franzosen öffneten den abgeschotteten preußischen Markt ihren Produkten, was der Berliner Seidenindustrie das Genick brach. Staatliche Gehälter und Pensionen, Löhne und Mieten wurden schleppend oder gar nicht mehr gezahlt. Hinzu kam die schlechte Ernte 1807. Im Frühjahr 1808 gab es mehrmals offenen Aufruhr vor Bäckereien, die nicht mehr genug Brot anbieten konnten.

Zu einem wirklichen Volksaufstand kam es jedoch nicht, obwohl die Franzosen die Bevölkerung mit der Zeit klar gegen sich aufgebracht hatten. Denn wie sich zeigte, waren Napoleons Truppen nicht gekommen, um den Berlinern und Preußen die politischen und sozialen Ideen des Fortschritts zu bringen. Sie pressten sie einfach brutal aus. Allmäh-

Der – jetzt völlig anders gestaltete – Spittelmarkt mit der Getraudenkirche (Radierung von J. G. Rosenberg, 1783)

Die Mauerstraße mit der Dreifaltigkeitskirche (Radierung von J. G. Rosenberg, um 1780)

lich formierte sich eine patriotische Bewegung. Johann Gottlieb Fichte hielt im Winter 1807/08 jeden Sonntagvormittag „Reden an die deutsche Nation", Friedrich Schleiermacher predigte in der Dreifaltigkeitskirche für eine umfassende Erneuerung der geistigen und moralischen Grundlagen des preußischen Staates. Schriften und Zeitungen machten Stimmung gegen die Franzosen, was manchen Redakteur in Haft brachte.

Die Reformen und die Befreiungskriege

Anfang Dezember 1808 zogen die Franzosen schließlich ab, eine Woche später ritt der populäre Major von Schill mit seinen Husaren in Berlin ein. Als Wilhelm von Humboldt im Januar 1809 nach Berlin zurückkehrte, schrieb er: „Berlin ist zu einem Dorf geworden. Es gibt kaum Wagen, man geht an Hof zu Fuß im Frack, bei Diners und Soupers brennt man Talg."

Der König und sein Hof allerdings blieben noch bis Dezember 1809 in Königsberg, und von dort versuchten nun die Staatsminister Karl Reichsfreiherr vom und zum Stein und sein Nachfolger Freiherr (später Fürst)

Berlin und sein Umland (mit Einwohnerzahlen 1801)

Berlin 172 000	Lichtenberg 390
Spandau 6700	Pankow und Biesdorf je 290
Charlottenburg 3500	Wilmersdorf und Britz je 280
Köpenick 1460	Zehlendorf 260
Deutsch- und Böhmisch-Rixdorf 710	Tempelhof 240
	Marzahn und Tegel je 220
Schöneberg 520	Nieder-Schönhausen 190
Friedrichsfelde mit Carlshorst 480	Reinickendorf und Weißensee je 180

Karl August von Hardenberg den preußischen Staat grundlegend zu reformieren. Anders als in Frankreich, wo ein selbstbewusstes Bürgertum die Revolution erzwang, war die preußische „Revolution von oben" das Werk einiger weniger Männer in der Staats- und Militärführung, die vor allem auf die Verbesserung der Staatsorganisation und die Stärkung des einzelnen Bürgers zielten.

Umgesetzt wurden die Reformen durch den fast militärisch organisierten preußischen Beamtenapparat, dessen Beharrungskräfte den Reformschwung mit der Zeit aber immer weiter abbremsen sollten. Viele weiterreichende Ansätze blieben schließlich durch den Widerstand von Adel und Bürokratie stecken. Die starke Stellung des grundbesitzenden Adels, der sich als Elite fühlenden Beamtenschaft und der Armee blieb erhalten. Nur ein Gebiet konnte wirklich grundlegend reformiert werden: die Wirtschaft – und sie trug dann auch maßgeblich zum weiteren Aufstieg Preußens bei.

Im Gefolge der Steinschen Städteordnung kam es im April 1809 zu den ersten freien und geheimen Wahlen eines Stadtparlaments, das aus seinen Reihen wiederum einen 25-köpfigen Magistrat wählte. Wahlberechtigt waren jedoch nur Hausbesitzer oder Bürger mit mehr als 200 Talern Jahreseinkommen, die knapp sieben Prozent der Berliner Bevölkerung ausmachten. So dominierten in der ersten Stadtverordnetenversammlung Kaufleute und Handwerksmeister, gefolgt von Fabrikanten, Gärtnern und Bauern. Zum Oberbürgermeister wählten die 102 Stadtverordneten den einzigen Adligen in ihren Reihen, Leopold von Gerlach.

Die Aufhebung der Erbuntertänigkeit der Bauern bildete die Voraussetzung für ein explosionsartiges Wachstum Berlins im 19. Jahrhundert,

Die preußischen Reformen 1807–18

Hatte Preußen unter dem jungen König Friedrich II. um die Mitte des 18. Jahrhunderts noch als ein dynamischer, moderner Staat gegolten, so waren die Strukturen um 1800 überholt und erstarrt – wie auch die Konstruktion des gesamten Heiligen Römischen Reichs Deutscher Nation. Den frischen Ideen der französischen Revolution hatten die deutschen Staaten wenig entgegenzusetzen, und so wurden die Siege Napoleons anfangs von vielen bejubelt. Bald aber erwiesen sich die französischen Truppen als schlichte Eroberer und Besatzer, und so drehte sich die Stimmung wieder. In Preußen machte sich nach 1806 eine kleine Gruppe von adligen Beamten und Militärs daran, die dringend nötigen Reformen des Staates zu entwickeln und im Namen des Königs umzusetzen. Die sogenannten Stein-Hardenbergschen Reformen, benannt nach den beiden nacheinander amtierenden Staatsministern, bildeten die Grundlage für den raschen Wiederaufstieg Preußens in allen Bereichen.

Mit der Agrarreform wurde 1807 die Erbuntertänigkeit abgeschafft, alle Bauern wurden freie Leute – was die Voraussetzung dafür war, dass in der folgenden Zeit so viele Menschen vom Land nach Berlin zogen.

1808 wurde eine neue Städteordnung verabschiedet, die den Kommunen die Selbstverwaltung ermöglichte und die Bürger in die Kommunalpolitik einbezog. Stadt und Staat, Verwaltung und Justiz wurden klar getrennt. 1809 durften die Berliner Bürger zum ersten Mal überhaupt in freier und geheimer Wahl eine Stadtverordnetenversammlung wählen. Wahlberechtigt waren allerdings nur Bürger mit Hauseigentum oder einem Jahreseinkommen von mehr als 200 Talern, das waren sieben Prozent der Berliner Bevölkerung. Als Wahllokale dienten 22 Kirchen.

1810 wurde der Zunftzwang abgeschafft, 1818 fielen sämtliche Zollgrenzen in Preußen. 1812 erhielten die Juden volle Bürgerrechte. Mit der Heeresreform wurde nun auch Nicht-Adligen die Möglichkeit eröffnet, Offizier zu werden, und seit der Einführung der allgemeinen Wehrpflicht 1814 mussten auch Berliner ihren Militärdienst leisten.

Mit der Bildungsreform schließlich, initiiert und umgesetzt von Wilhelm von Humboldt, entstand ein einheitliches, staatlich kontrolliertes Schulwesen in Preußen mit einem einheitlichen höchsten Schulabschluss, dem Abitur. An den Universitäten sollten die Professoren nun gleichermaßen lehren und forschen (das geschah zuvor nur an den Akademien), als Abschluss wurde der Magister eingeführt. Die erste Universität überhaupt, die nach diesem heute selbstverständlichen System funktionierte, war die 1810 gegründete Berliner Universität.

weil die nun freien Landarbeiter auf Arbeitssuche nach Berlin zogen. Auch die allgemeine Gewerbefreiheit (1810), das heißt die Auflösung des Zunftzwangs, machte sich erst allmählich bemerkbar, da sich das

Zunftsystem als sehr beharrlich erwies. Noch viele Jahre später gab es Handwerkszweige, in denen nicht ein einziger unzünftiger Meister arbeitete.

1812 wurden endlich die Juden den Christen gleichgestellt, allerdings mit gewichtigen Ausnahmen. Hohe Staatsämter und Militärränge etwa blieben ihnen weiterhin verschlossen. 1814 schließlich wurde die allgemeine Wehrpflicht – als Teil der Scharnhorstschen Militärreform – eingeführt, die nun auch für die bislang ausgenommenen Berliner galt.

Eine zentrale Rolle in der Reformdiskussion spielte die Erneuerung des Bildungswesens. Nach dem Frieden von Tilsit 1807, mit dem Preußen alle Gebiete westlich der Elbe verlor, verfügte es nur noch über die Universitäten Königsberg und Frankfurt (Oder). Duisburg, Halle (Saale) und Erlangen waren nicht mehr preußisch. Vor allem auf Betreiben Wilhelm von Humboldts, der im Innenministerium für Kultus und öffentlichen Unterricht zuständig war, wurde 1809 die Berliner Universität gegründet. Im Prinz-Heinrich-Palais, wo sie noch heute untergebracht ist, nahm sie im Oktober 1810 den Lehrbetrieb auf, mit 53 Dozenten und 256 Studenten in den Fachbereichen Medizin (117 Studenten / 7 Professoren), Philosophie (57 / 19), Rechtswissenschaften (53 / 4) und Theologie (29 / 3). Unter den 33 Professoren des ersten Semesters befanden sich klangvolle Namen: der Philosoph Fichte, der zum ersten Rektor gewählt wurde, die Theologen Schleiermacher und Marheineke, der Jurist Savigny, die Mediziner Graefe und Hufeland, der Historiker Niebuhr, der Chemiker Klaproth, der Agrarwissenschaftler Thaer, der Philologe Böckh. Wenig später wurden die Philosophen Schelling und Hegel sowie der Historiker Ranke berufen. 1832 war die Berliner Universität (seit 1828 Friedrich-Wilhelms-Universität) mit 1700 Studenten die größte in

Der Universitätsgründer Wilhelm von Humboldt, 1826

Festakt zur Einführung der Städteordnung in der Nikolaikirche im Jahre 1809
(Aquarell von F. A. Calau)

Deutschland. Völlig neuartig und wegweisend war Humboldts Universitätskonzept: Lehre und Forschung sollte gleiches Gewicht zukommen, Studenten und Professoren wurden als Partner bei der aktiven Erweiterung des Wissens verstanden, und als Ziel des Studiums galt nicht mehr nur die Vermittlung von Fachwissen, sondern eine umfassende humanistische Bildung, Charakterbildung und Selbstverwirklichung der Studierenden.

Wirtschaftlich erholte sich Berlin zunächst kaum, zumal die preußische Regierung die Kontributionsforderungen der Franzosen zu erfüllen versuchte. Als sich die Spanier 1808 gegen Napoleon erhoben und 1809 die Österreicher folgten, kam es in vielen Orten Deutschlands zu kleineren Erhebungen gegen Napoleon – doch der preußische König schwieg. Als Major Schill mit seinen Husaren auf eigene Faust gegen die Franzosen aufbrach, war die Begeisterung in Berlin groß. Der Polizeipräsident verhängte sogar eine Nachrichtenzensur, um die Stimmung abzukühlen, doch das Unternehmen scheiterte sechs Wochen später in Stralsund, der Anführer fiel.

Erst im Dezember 1809 kehrten der König und sein Hofstaat nach Berlin zurück, und das Leben normalisierte sich.

Im Juli 1810 starb die im Volk überaus beliebte Königin Luise. Sie wurde in einem Mausoleum im Schlosspark von Charlottenburg beigesetzt. Am 1. Oktober 1810 erhielt Berlin (wenn auch nur für ein halbes Jahr) die erste Tageszeitung: Während die beiden älteren Berliner Zeitungen, die „Haude und Spenersche" und die „Vossische Zeitung", nur dreimal die Woche herauskamen, erschienen die von Heinrich von Kleist herausgegebenen „Berliner Abendblätter" täglich außer sonntags. Und sie brachten etwas völlig Neuartiges: Lokalnachrichten, das heißt Berichte über die Stadtpolitik, Ausstellungs- und Theaterkritiken, aber auch Berichte über Verkehrsunfälle, Einbrüche und ähnliches. Und im Frühjahr 1811 erlebten die Berliner, wie Ludwig Jahn, Lehrer am Gymnasium zum Grauen Kloster, in der Hasenheide den ersten Turnplatz eröffnete.

Die Friedenszeit sollte nicht lange währen. Napoleon, der sich 1811 auf dem Gipfel seiner Macht befand, wollte nun auch Russland unterwerfen. Den preußischen König zwang er zu einem Militärbündnis von so demütigenden Bedingungen, dass zahlreiche Offiziere wie Gneisenau, Boyen und Clausewitz den Dienst quittierten und nach England

„Turnvater" Ludwig Jahn

Berlin ist die Wiege des Turnens, der erste Turnplatz überhaupt wurde am 19. Juni 1811 in der Hasenheide eröffnet. Erst seit den 1770er-Jahren integrierten einige wenige Schulen Sport in den Unterrichtsplan. Den Gedanken, dass die „Leibesübungen" für die Bildung von Kindern und Jugendlichen wichtig seien, machte erst Ludwig Jahn (1778–1852) populär. Geboren in Lanz in der Prignitz, besuchte er ab 1794 das Gymnasium zum Grauen Kloster in Berlin, studierte und arbeitete dann als Hauslehrer in verschiedenen deutschen Städten und kehrte 1810 als Lehrer nach Berlin zurück. Seinen Schülern verordnete er umfang-

Friedrich Ludwig Jahn, 1910

reiche Leibesübungen, die er „Turnen" nannte. Der Turnplatz in der Hasenheide wurde mit den noch heute klassischen Turngeräten ausgestattet. Jahn verstand das Training auch als „patriotische Erziehung" zur Vorbereitung auf einen Befreiungskrieg gegen Napoleon. Als glühender Verfechter einer deutschen Einigung, der Meinungsfreiheit und einer Verfassung geriet er nach 1815 in Konflikt mit dem preußischen Staat – und mit ihm die gesamte Turnbewegung, die sich rasant entwickelte und eng mit den studentischen Burschenschaften kooperierte. 1820 wurde Jahn verhaftet, die Burschenschaften wurden verboten, und schließlich verhängte der preußische Staat eine „Turnsperre", die erst 1842 offiziell aufgehoben wurde. Turnen wurde nun ein Schulfach in Preußen. Jahn wurde nach einem Jahr Festungshaft wieder entlassen, lebte jedoch weitere 15 Jahre unter Polizeiaufsicht. Erst 1840 wurde er vom neuen König Friedrich Wilhelm IV. rehabilitiert.

Der von Jahn eingerichtete Turnplatz in der Hasenheide, 1848

oder Russland gingen. Polizeipräsident Gruner emigrierte nach Prag, wo er eine Widerstandsgruppe gegen die Franzosen aufbaute.

Im März 1812 rückten die Franzosen erneut in Berlin ein. Sie kamen nun als Verbündete, verhielten sich aber wie Besatzer – das Kommando in der Stadt übernahm wieder ein französischer Gouverneur. Die Stimmung war nun offen antifranzösisch, Schlägereien und Zusammenstöße waren an der Tagesordnung, Sabotageakte verübte vor allem der „Deutsche Bund" um Jahn und seinen Freund Friedrich Friesen. König und Regierung jedoch bemühten sich nach Kräften, die erneut maßlosen Forderungen der Franzosen zu erfüllen, und pressten den Bürgern Kriegssteuern ab.

Entsprechend groß war der Jubel, als die ersten Nachrichten von der Niederlage Napoleons eintrafen. Um sie vor Übergriffen zu schützen, befahl der Gouverneur alle Soldaten aus den Privatquartieren schleunigst in die Kasernen. Um die Jahreswende erlebte Berlin den Durchzug geschlagener französischer Truppen. Dass General Yorck am 30. Dezember 1812 im litauischen Tauroggen eigenmächtig eine Konvention zur Neutralisierung des zur französischen Armee gehörenden Korps abgeschlossen hatte, wurde von der Bevölkerung mit Begeisterung aufgenommen, vom König jedoch scharf verurteilt. Friedrich Wilhelm war weiterhin bestrebt, „die freundschaftlichen Verhältnisse mit den Kaiserlichen französischen Militärbehörden sorgfältig zu erhalten", wie er der

General Ludwig Yorck von Wartenburg (Stich, um 1812)

„Oberregierungskommission" unter August von der Goltz aufgab, als er mit seiner Regierung im Januar ins „franzosenfreie" Breslau übersiedelte. Im Volk wurde dies als Vorbereitung für einen Frontwechsel gedeutet, und entsprechend begeistert folgten die jüngeren Berliner den Aufrufen zur Bildung von Freiwilligenverbänden. Doch noch zauderte der König. Von der Goltz überlegte währenddessen, wie man die aufgewiegelte Menge mit gewaltsamen Mitteln niederhalten könne – schließlich befanden sich noch immer zehntausend französische Soldaten in der Stadt. Als am 20. Februar 1813 ein Trupp von zweihundert russischen Kosaken vor Berlin auftauchte, glich die Stadt einem „Hexenkessel", so ein zeitgenössischer Beobachter. Erst nach Stunden bekamen die Franzosen, die preußische Gendarmerie und die Bürgerwehr die Situation unter Kontrolle. Die Franzosen bereiteten nun in aller Stille den Rückzug vor. Als sie in der Nacht zum 4. März aus Berlin abzogen, rückten gerade die Russen an, die der französischen Nachhut zwischen Schöneberg und Steglitz noch beträchtliche Verluste zufügen konnten. Am 27. Februar nämlich hatte sich Friedrich Wilhelm endlich – unter strenger Geheimhaltung – gegen Napoleon mit Russland verbündet.

Der Jubel der Berliner erreichte seinen Gipfel, als General Yorck, der „Held von Tauroggen", in die Stadt einzog. Der Empfang für den König eine Woche später fiel deutlich kühler aus. Am 17. März erfolgte die

Blick auf Spandau mit der Zitadelle 1633 auf einem Stich von Merian. Wegen der Festungsanlagen konnte sich die Stadt kaum entwickeln

preußische Kriegserklärung gegen Frankreich. Allein in Berlin meldeten sich 6300 Freiwillige, die für Preußen und Deutschland in den Krieg ziehen wollten. Ende März wurden alle verfügbaren männlichen Berliner zwischen 17 und 40 Jahren zur Landwehr eingezogen, wobei sich jeder selbst zu bewaffnen hatte. Theaterdirektor Iffland erschien mit Brustharnisch und Schild der Jungfrau von Orleans. Doch die Landwehr kam nicht mehr zum Einsatz – Berlin blieb von weiteren Kriegshandlungen verschont.

Schlimmer traf es die Festungsstadt Spandau, in der sich französische

Truppen über Wochen gegen die preußische Belagerung wehrten. Zunächst ließ der französische Kommandant 114 Häuser und Scheunen vor den Toren der Stadt abbrennen, um freies Schussfeld zu bekommen, dann explodierte ein Pulvermagazin. Schließlich fielen einem erneuten Bombardement weitere 81 Gebäude zum Opfer. Erst nach einem Sturmangriff kapitulierte die Stadt am 21. April, zwei Tage später ergab sich die französische Besatzung der Zitadelle.

Kritisch wurde die Lage Berlins erneut, als die preußischen und russischen Truppen am 2. Mai 1813 die Schlacht von Großgörschen (südwestlich von Leipzig) verloren. Wieder bereiteten sich Regierungsbeamte und wohlhabende Berliner zur Flucht, doch Napoleon beorderte seine Truppen zunächst zurück. Erst nach einem sechswöchigen Waffenstillstand begann er, mit siebzigtausend Mann auf Berlin vorzurücken. Wenige Kilometer südlich der heutigen Stadtgrenze kam es am 23. August zur Entscheidung: Die vereinigte „Nordarmee" unter dem Befehl des schwedischen Kronprinzen Bernadotte schlug die Franzosen, vor allem dank eines eigenwilligen Angriffs des Generals von Blücher. Vom Halleschen Tor bis zum blutigen Schlachtfeld bei Großbeeren reihten sich Wagen voller Hilfsgüter und Proviant, Verletztentransporte und unzählige Neugierige. Ganz Berlin war unterwegs. Stralau, wo am selben Tag

Marktstände auf dem Neuen Markt, rechts hinten der Turm der Marienkirche (Radierung von von J. G. Rosenberg, 1785)

Blick vom Kreuzberg auf Berlin, vorn das 1821 eingeweihte Nationaldenkmal von Schinkel (Gemälde von J. H. Hintze, 1829)

der „Fischzug", Berlins größtes Volksfest, gefeiert werden sollte, blieb menschenleer.

Endgültig gebannt war die Gefahr für Berlin nach dem Sieg der Preußen unter Blücher und Tauentzien am 6. September 1813 bei Dennewitz, wo 22 000 unter französischem Befehl stehende Soldaten ihr Leben verloren. Nach der Völkerschlacht bei Leipzig Mitte Oktober zog sich Napoleon schließlich nach Frankreich zurück. Die Gefahr war vorbei, der Jubel unbeschreiblich. Blücher stieg zum Volkshelden auf, die Universität verlieh ihm die Ehrendoktorwürde. In feierlichem Triumphzug durch Deutschland kehrte die Quadriga aus Paris zurück. Ergänzt um Schinkels

Eisernes Kreuz und den preußischen Adler, wurde sie verhüllt aufs Brandenburger Tor gesetzt und beim Einzug des Königs am 7. August 1814
feierlich enthüllt.

Noch einmal kehrte Napoleon von seiner Verbannung auf der Insel Elba
nach Paris zurück, doch seine zweite Herrschaft währte nicht lange. Am
18. Juni wurde er bei Belle-Alliance / Waterloo von englischen und preußischen Truppen unter Wellington und Blücher endgültig geschlagen.

An die „Befreiungskriege", wie die ursprünglichen „Freiheitskriege" in
den Jahren der Restauration nur noch genannt wurden, erinnert seit
1821 das „Nationaldenkmal" (mit einem „Eisernen Kreuz") von Schinkel,
das dem Kreuzberg seinen Namen gab. An die Schlacht von Waterloo
oder Belle-Alliance erinnert die Friedenssäule mit einer von Rauch ent-
worfenen Viktoria auf dem heutigen Mehringplatz.

1815–1871
Berlin auf dem Sprung
zur Millionenstadt

Berlin im Biedermeier: Politische Restauration und Industrielle Revolution

Die national und liberal eingestellten Berliner hofften nun endlich auf weitere Reformen: auf bürgerliche Mitbestimmung, eine Verfassung durchs Volk, eine konstitutionelle Monarchie. Sie hofften auf frischen, freiheitlichen Wind. Doch sie hofften vergebens. Friedrich Wilhelm III. löste sein zweimal gegebenes Versprechen, Preußen eine Verfassung zu geben (zuletzt am 22. Mai 1815), nie ein.

Als Ergebnis des Wiener Kongresses, der von November 1814 bis Juni 1815 tagte, entstand nicht der von den Patrioten erhoffte deutsche Nationalstaat, sondern der lose geknüpfte Deutsche Bund unter Österreichs Führung, dem 35 souveräne Fürstenstaaten und die vier verbliebenen freien Reichsstädte Frankfurt (Main), Hamburg, Bremen und Lübeck angehörten. Die Fürsten verfolgten eine antinationale und antiliberale Politik. Auf die konservativ-reaktionäre Haltung der Fürsten, Adligen und vieler Beamter, die das öffentliche Leben der kommenden Jahrzehn-

Die biedermeierliche Familie des Schlossermeisters Hauschild auf einem Gemälde von E. Gaertner, 1843

te prägte, antwortete das liberale Bürgertum mit Resignation. Es zog
sich in die eigenen vier Wände zurück und widmete sich der Kunst und
der Literatur. Idyllisch aber war das Zeitalter des „Biedermeier" nur für
die Wohlhabenden. Immer mehr Menschen, gerade in Berlin, gerieten in
dieser Phase der beginnenden In-
dustrialisierung in Not und Armut.

Nach und nach wurden die Re-
formkräfte in der preußischen Führung kaltgestellt. Die Ermordung
des konservativen Dichters August
von Kotzebue durch einen Theolo-
giestudenten im März 1819 nahm
der Staat zum Anlass, zahlreiche
„Demagogen" vor allem aus dem
Umfeld der Universitäten, den ver-
meintlichen „Brutstätten der Revolution", zu verhaften. Ludwig Jahn
kam, ohne dass man ihm etwas
beweisen konnte, für fünf Jahre in
Haft und blieb bis 1841 unter Poli-

**Der Gartenplaner Peter Joseph Lenné
(Porträt von C. J. Begas, 1830)**

zeiaufsicht. Das Turnen wurde verboten, die Burschenschaften aufgelöst.

Im September 1819 verständigten sich der österreichische Minister
Metternich und der preußische König in Karlsbad auf die Überwachung
der Universitäten und die Buch- und Pressezensur. Humboldt quittier-

Berliner Kulturleben im Vormärz

Zu den herausragenden Persönlichkeiten des Berliner Kulturlebens gehörten neben dem Architekten Karl Friedrich Schinkel auch der Landschafts- und Stadtplaner Peter Josef Lenné – der den Tiergarten zum heutigen Landschaftspark und den barocken Fasanengarten bis 1844 zum ersten zoologischen Garten Deutschlands umgestaltete –, die Bildhauer Gottfried Schadow, Christian Rauch und Friedrich Tieck, die Maler Franz Krüger und Eduard Gaertner, die Schriftsteller Adolf Glaßbrenner und Willibald Alexis, Heinrich Heine, der drei Jahre in Berlin studierte, Adelbert von Chamisso sowie der Kammergerichtsrat, Schriftsteller und Komponist E.T.A. Hoffmann, der seine freien Stunden am liebsten bei Lutter & Wegner am Gendarmenmarkt verbrachte, jener Weinhandlung, in der man den Begriff „Sekt" erfand. Den Mittelpunkt des Kulturlebens, als dessen Fixpunkte noch immer die Salons galten, bildete das Schauspielhaus am Gendarmenmarkt, dessen Neubau von Schinkel am 18. Juni 1821 mit der Uraufführung von Carl Maria von Webers „Freischütz", der ersten romantischen Oper, eröffnet wurde. In der Singakademie (heute Maxim-Gorki-Theater) dirigierte 1829 das Berliner Wunderkind Felix Mendelssohn Bartholdy die Wiederaufführung der lange verschollenen Matthäuspassion von Johann Sebastian Bach. Die Leitung der Staatsoper übernahm 1842 einer der größten Komponisten seiner Zeit, der Berliner Giacomo Meyerbeer (Jacob Meyer-Beer).

„Das gelehrte Berlin": vorn Hufeland, W. und A. von Humboldt, in der Mitte C. Richter, hinten Neander, Hegel und Schleiermacher (um 1810)

Ein neues Straßenmöbel: 1854 ließ der Berliner Druckereibesitzer Ernst Litfaß die ersten „Anschlagsäulen" aufstellen

te daraufhin den Staatsdienst. Schleiermacher, Stein, Gneisenau, Ernst Moritz Arndt und andere wurden beschattet, ihre Briefe geöffnet. Das Spitzel- und Denunziantenwesen blühte.

Widerstand regte sich kaum. Die Menschen waren viel zu sehr damit beschäftigt, nach den langen Krisenjahren wieder auf die Beine zu kommen. Als im Juli 1830 die Nachricht von der Revolution in Paris und der erzwungenen Abdankung des erzreaktionären Königs Karl X. nach Berlin gelangte, flammten zwar allenthalben politische Diskussionen auf, doch erst im September kam es zu Massenversammlungen von Handwerkern und jungen Arbeitslosen, die schnell mit militärischer Gewalt gesprengt wurden. In fünf Tagen gab es zweihundert Festnahmen, doch der größte Teil der Berliner Bevölkerung blieb unbeteiligt. Die Revolte hatte allerdings zur Folge, dass die Berliner Gefängnisse auf die dreifache Kapazität erweitert wurden. Und dennoch waren sie zeitweilig überfüllt: Zwischen 1829 und 1840 gingen 122 337 Verhaftete durch die Berliner Gefängnisse!

Anlässlich des Volksfestes zum Geburtstag des Königs kam es am 3. August 1835 erneut zu Aufruhr und Straßenschlachten. Sie richteten sich allerdings nicht gegen den König, der, man glaubt es kaum, als gutmütig und gerecht galt und enorm beliebt war – die politische Unterdrückung lastete man allein seinen Ministern und Beamten an. Der Aufruhr entlud sich vielmehr, weil die Obrigkeit erstmals Feuerwerkskörper verboten hatte und plötzlich doch Raketen in die Luft gingen. Die Polizisten schritten ein, die Menge wehrte sich, und im Nu entwickelten sich heftige Kämpfe, die erst mithilfe von Kürassieren nach drei Tagen unter Kontrolle gebracht waren. Die Chronik verzeichnet 150 Verhaftungen und hundert Schwerverwundete, von denen zwei starben.

Karl Friedrich Schinkel (Porträt von C. F. L. Schmid 1832)

Und doch erlebte Berlin gerade in diesen Jahren eine kulturelle Blüte ohnegleichen, die sich vor allem mit dem Namen Karl Friedrich Schinkels verbindet. Mit der Neuen Wache, dem Schauspielhaus am Gendarmenmarkt, der Friedrichswerderschen Kirche, dem Alten Museum, in dem die Königlichen Kunstsammlungen seit 1830 der Öffentlichkeit zugänglich gemacht wurden, der Schlossbrücke und zahllosen anderen Bauten prägte er das Bild Berlins wie kein zweiter Architekt vor oder nach ihm.

Der winterliche Gendarmenmarkt, das Zentrum der Friedrichstadt, 1857
auf einem Gemälde von E. Gaertner

Aus dem Bereich der Wissenschaft seien nur zwei Ereignisse genannt:
1826 entdeckte der Lehrer Georg Simon Ohm in Berlin das später
nach ihm benannte Gesetz der Elektrizitätsleitung, 1846 entdeckte der

Das Theater ist die heiligste Angelegenheit des Berliner Publikums, der einzige
Gegenstand, worüber das ganze Volk Berlins ohne Repräsentativverfassung und
freie Presse frei denkt, spricht und schreibt. [...] Der Generalintendant der Schau-
spiele ist nach dem König der erste Mann in Berlin, und um Schauspieler und
Sängerinnen kümmert man sich mehr als um Minister und Küster. [...]
Man kümmert sich nicht um volksvertretende Stände, sondern nur um den
Stand der Königlichen Bühne, nicht um das Sinken der Volkswohlfahrt, sondern
nur um das Sinken des Königsstädter Theaters, nicht um den Gang der Staats-
angelegenheiten, sondern um den bevorstehenden Abgang des Spitzederschen
Ehepaars von der Königstädter Bühne. [...]
Wo man spricht, wird nur vom Theater gesprochen; was man hört, was man
liest – es betrifft nur das Theater; und den hiesigen Journalen und Blättern
ist das Theater der Haupt- und Leibartikel; es ist der Leithammel der Berliner
teetrinkenden Schafe, der Stehely besuchenden Böcke – kurz, der ganzen zwei-
beinigen Herde Berlins.
Der Schriftsteller Friedrich Arnold Steinmann 1832

Märzrevolution

Die erste Eisenbahn fährt von
Berlin nach Potsdam

„Demagogenverfolgung" und
Beginn der Restauration

| 1600 | 1700 | 1800 | 1819 | 1838 | 1848 |

Astronom Johann Gottfried Galle in der Berliner Sternwarte in der Char-
lottenstraße den Planeten Neptun.

Die preußische Wirtschaftspolitik wurde, anders als der politische
Bereich, von liberalen Ideen bestimmt. 1818 wurden sämtliche Binnen-
zölle in Preußen aufgehoben, die Einfuhrzölle drastisch gesenkt. Das war
gut gemeint, doch da die umliegenden Staaten an ihren hohen Einfuhr-
zöllen festhielten, blieben preußische Produkte dort zu teuer. Im Gegenzug aber wurde Preußen nun mit ausländischen Waren überschwemmt,
wobei sich vor allem die englischen Produkte als vielen einheimischen
überlegen erwiesen. Zum Schutz der Industrie wurde das Zollsystem
1821 wieder geändert. Vor allem aber kam man zum Schluss, dass der
Staat seine Industrie, wenn er sie der Konkurrenz aussetzte, auch darauf

**1828 wurde die große, als technisches Wunderwerk bestaunte Granitschale im
Lustgarten aufgestellt (Gemälde von E. Hummel)**

Blick von der Friedrichswerderschen Kirche nach Norden zur Museumsinsel (Lithografie von X. Sandmann, um 1860)

vorbereiten müsse. Unter der Federführung von Christian Peter Wilhelm Beuth, dem Direktor der „Technischen Deputation für Handel und Gewerbe", entstand ein ausgeklügeltes System der Gewerbeförderung und -schulung, das entscheidend zum Aufschwung der preußischen und der Berliner Industrie beitrug. Die 1821 gegründete Fachschule, das spätere Gewerbeinstitut, erwarb sich einen ausgezeichneten Ruf. 1879 wurde sie mit der Bauakademie (gegründet 1799) zur „Technischen Hochschule Berlin zu Charlottenburg" zusammengeschlossen.

Der Staat erleichterte Investitionen, finanzierte neue Technologien und unterstützte risikofreudige Projekte, vor allem aber gab er den Unternehmern oder denen, die es werden wollten, modellhafte Beispiele – auf Auslandsreisen und durch Musterbetriebe in Berlin. So standen etwa die 1805 gegründete Königliche Eisengießerei oder die Firma Cockerill, die Maschinen und Werkzeuge zur Wollfabrikation baute und auch

Im Zuge des industriellen Aufschwungs im frühen 19. Jh. entstanden in Berlin viele neue Fabriken wie diese Baumwollmanufaktur (Stahlstich, um 1840)

selbst eine Wollspinnerei betrieb, jedem Interessierten zur Besichtigung offen. Zu den bedeutenden Berliner Pionierunternehmen zählte die Mineralwasserfabrik Struve & Soltmann, die in Kreuzberg vierzig Jahre lang einen „Kurgarten" betrieb. Mehr als zwanzig verschiedene, künstlich hergestellte Mineralwasser standen den „Kurgästen" zur Auswahl.

Mit der optischen Telegrafenverbindung von Berlin zur Festung Ehrenbreitstein bei Koblenz rückte das preußische Rheinland 1833 näher an Berlin. Über 61 Stationen – von der Sternwarte in der Dorotheenstraße über den Turm der Annenkirche in Dahlem, den Schäferberg in Wannsee und den Telegrafenberg bei Potsdam – konnte eine Depesche bei günstiger Sicht in anderthalb Stunden in Koblenz sein, die Postkutsche brauchte sechs Tage.

Die Verheißungen der beginnenden Industrialisierung zogen die Menschen wie ein Magnet nach Berlin. Ab 1827 wurde die Friedrich-Wilhelm-Stadt angelegt, seit den 1840er-Jahren das Köpenicker Feld mit dem Engelbecken im Zentrum bebaut, und im Norden wuchs die Stadt bereits über den Mauerring hinaus.

Vierhunderttausend Einwohner hatte Berlin 1846 – doppelt so viele wie dreißig Jahre zuvor. Manche machten ihr Glück, doch viele endeten in Armut. Denn es kamen viel mehr Menschen, als Berlin Arbeitsplätze bieten konnte. Es gab keine Absicherung für Arbeitslosigkeit, Krankheit oder Berufsunfähigkeit – und erst recht keine Alterssicherung. Die Löhne waren niedrig, die Arbeitstage lang: Maschinenbauer arbeiteten zwölf Stunden am Tag, Schuhmacher und Tischler meist sogar 15 Stunden. Trotzdem mussten Frauen und Kinder oft mitverdienen. Erst seit den 1850er-Jahren wurde die seit 1717 geltende Schulpflicht auch wirklich durchgesetzt. Die Staatsregierung sah durchaus, dass in den ärmsten Familien „ungeschickte, unwissende, verkrüppelte, körperlich schwache und gemütlose Menschen" heranzuwachsen drohten, „die überwiegend zu Verbrechen geneigt sind". Immerhin wurde 1839 die Arbeit für Kinder unter neun Jahren verboten und bis zum Alter von 16 Jahren auf ein Höchstmaß von zehn Stunden pro Tag bei freien Sonn- und Feiertagen begrenzt.

Das Zeitalter der Eisenbahn

Am 29. Oktober 1838 begann für Berlin das Zeitalter der Eisenbahn mit der Eröffnung der 26 Kilometer langen Strecke über Steglitz und Zehlendorf nach Potsdam. Die Lokomotiven und die Schienen waren noch in England gebaut, die Fahrt dauerte – mit vier Zwischenhalten – rund eine Stunde. Kaum zehn Jahre später war Berlin das Zentrum des preußischen Eisenbahnnetzes. Von Kopfbahnhöfen vor den Stadtmauern (nur der Frankfurter Bahnhof, der Vorgänger des heutigen Ostbahnhofs, lag in der Stadt) gingen die Linien nach Köthen/Anhalt und weiter nach Halle (1841), nach Frankfurt (Oder) (1842), nach Stettin (1843) und nach Hamburg (1846). 1851 wurden die fünf Kopfbahnhöfe durch eine Bahn parallel zur Akzisemauer miteinander verbunden. 1867 entstanden neben dem Frankfurter der Ostbahnhof für die Ostbahn über Küstrin nach Königsberg, im selben Jahr der Görlitzer Bahnhof, 1871 der Lehrter Bahnhof, 1875 der Dresdner Bahnhof, der bereits nach sieben Jahren wieder aufgegeben wurde. Im Nordbahnhof an der Bernauer Straße endeten die Güterzüge in Richtung Stralsund. Den Ausbau des Eisenbahnnetzes beschloss 1879 die Wetzlarer Bahn nach Frankfurt (Main), die direkt an die Stadtbahn angeschlossen wurde und keinen eigenen Bahnhof erhielt.

1867–77 wurden alle Kopfbahnhöfe durch eine weit außerhalb der Stadt geführte „Ringbahn" miteinander verbunden. Jeweils zwei Gleise standen dem Güter- und dem Personenverkehr zur Verfügung. 1882 schließlich konnte die „Stadtbahn" quer durch Berlin eröffnet werden: eine 12,5 Kilometer lange, auf 731 gemauerten Bögen und aufgeschütteten Wällen geführte Strecke mit jeweils zwei Gleisen für den Fern- und den Stadtverkehr. Seit 1874 erfolgte dann der Ausbau der Vorortverbindungen mit eigenen Gleisanlagen und Bahnhöfen.

Das Betteln auf den Straßen war verboten, und wer von den Bettel-vögten, seit 1839 von der Polizei, erwischt wurde, kam ins Arbeitshaus, den „Ochsenkopf" in der Alexanderstraße, der bis zu tausend Insassen aufnehmen konnte. Da es nicht immer Arbeit gab, wurde 1835 nach englischem Vorbild eine „Tretmühle" eingebaut, in der zwölf Mann un-ter Aufsicht eines Aufsehers stundenlang wie die Hamster im Laufrad Treppen steigen mussten. Bis in die 1850er-Jahre war das Gerät in Betrieb. Den letzten Ausweg sahen viele in der Kriminalität. Die Zahl der Diebstähle stieg rapide an, nicht allerdings die der Schwerverbre-chen: Zwischen 1838 und 1842 wurden in Berlin ganze fünf Mordfälle bekannt.

Katastrophal entwickelten sich die Wohnverhältnisse vor allem in der Rosenthaler Vorstadt, die Bettina von Arnim in ihrer aufrüttelnden Schrift „Dies Buch gehört dem König" von 1843 anprangerte. Ein beson-ders extremes Beispiel bildeten sieben Wohnhäuser an der Ecke Garten- und Torstraße, die sich ein Kammerherr 1821–25 erbauen ließ und über die wir durch die Gutachten des Armenarztes und den regen Schriftver-kehr zwischen Behörden und Besitzer informiert sind. 1827 lebten in den 426 Stuben zu je 14 Quadratmetern, die sich auf fünf Geschosse einschließlich Keller und Dach verteilten, 2108 Bewohner! Sie mussten

Blick von der Jannowitzbrücke auf die nicht mehr existierende Waisenbrücke und das Waisenhaus (rechts, Radierung von J. G. Rosenberg, 1780)

Die Abwasserentsorgung

Der Berliner Chronist und Zeitzeuge Adolf Streckfuß berichtet vom „namenlosen Gestank, der die Straßen Berlins verpestete" – noch um die Mitte des 19. Jahrhunderts. Denn die Berliner entsorgten ihre Abwässer, die oft auch Abfall enthielten, in den offenen Rinnsteinen zwischen Bürgersteig und Fahrbahn, von wo sie durch die Stadt weiter in die Spree oder die Kanäle flossen – oder wo sie oft genug stehen blieben, wenn eine der wenig geneigten Rinnen verstopft war. „Selbst in den besten Stadtteilen konnte man es in den Sommermonaten kaum vor dem pestilenzialischen Geruch der stagnierenden Rinnsteine aushalten. Dämme und Bürgersteige starrten vor Schmutz, und an heißen, trockenen Tagen lagerte über der ganzen Stadt eine dichte Staubwolke." Ganz abgesehen davon, dass die zum Teil mehrere Fuß tiefen Rinnsteine vor allem nachts eine beträchtliche Gefahr für Fußgänger und Fahrzeuge darstellten. Jede Nacht ab 23 Uhr fuhren große Wagen durch die Stadt, die zahlreiche Eimer mit Deckel transportierten. Von jedem Wagen schwärmten zehn bis zwölf mit Laternen versehene „Frauen der nächtlichen Arbeit", auch „Nachtemmas" genannt, in die umliegenden Häuser aus, trugen leere Eimer hinein und brachten gefüllte Eimer zum Wagen. War der Wagen voll, fuhr man zum nächsten Fluss oder Kanal und kippte die Fäkalien dort hinein. Erst ab 1840 durften keine Nachteimer mehr in die Wasserläufe gekippt, sondern mussten in einer „Latrinen-Reinigungs-Anstalt" entsorgt werden. Manche Berliner Häuser verfügten über Aborte im Hof. Dann kamen alle paar Monate Bauern aus dem Umland, schaufelten den Inhalt in Kastenwagen und brachten den kostbaren Dung auf die heimischen Felder. Kein Wunder, dass Ratten auf den Straßen kein seltener Anblick waren. Erst 1873 beschloss die Stadt den Bau einer Kanalisation.

sich im Hof zwei Brunnen und in einem Hofgebäude zwanzig Toiletten für die Erwachsenen und 28 für die Kinder teilen. Bis zu 15 Menschen bewohnten eine Stube. Es war gängige Praxis in Berlin, andere Familien oder „Schlafburschen" in der eigenen Wohnung aufzunehmen, um Miete zu sparen. Geschlafen wurde in wechselnden Schichten.

Seit Mitte der 1830er-Jahre bildete die Armenfürsorge den größten Posten unter den städtischen Ausgaben. Fünfköpfige Armenkommissionen prüften vor Ort die Bedürftigkeit, entschieden über die Mietsteuerbefreiung, über die Teilnahme an der Armenspeisung, die Zuweisung von Kindern zu Freischulen und die Auszahlung von Almosen. Rund die Hälfte der Berliner 4- bis 15-Jährigen kamen aus Familien, die sich das Schulgeld nicht leisten konnten, drei Viertel der Handwerksmeister lebten am Rande des Existenzminimums. Das Elend der Ärmsten zu lindern

versuchten auch die nun zahlreich entstehenden Stiftungen und Sozial-
vereine, private Waisenhäuser oder „Speisungsanstalten".

Berlins Infrastruktur aber verbesserte sich in diesen Jahren beträchtlich. Schon 1816 entstand in einer Militäreffektenfabrik die erste Gas-
beleuchtungsanlage Berlins, der zwei weitere folgten. Der König zeigte
sich bei einem Besuch beeindruckt, ging jedoch auf die Idee, auch die
Umgebung des Schlosses so zu beleuchten, nicht weiter ein. Der Erfin-
der (Georg Christian Freund) starb jung, die Idee ebenfalls. 1826 war
es dann die englische „Imperial Continental Gas Association", die die
ersten Gaslaternen auf Berlins Straßen aufstellte, ihr Gaswerk stand am
Landwehrkanal nahe dem Halleschen Tor. 1847 erglühte das erste städtische Leuchtgas, und fortan lieferten sich die Stadt und die Engländer
einen harten Konkurrenzkampf, der den Kunden die billigsten Gastari-
fe Europas bescherte. Noch um 1830 war der Betrieb der Lampen auf
die dunklen Monate September bis April beschränkt. Von 22 bis 5 Uhr
früh, im Sommer von 23 Uhr bis Tagesanbruch liefen 112 Nachtwächter
Streife durch die Stadt. Seit 1811 brauchten sie die Stunden nicht mehr
abzusingen, sondern benutzten Pfeifen. Alle Berliner Uhren wurden nach

**Blick in die Klosterstraße mit der Parochialkirche (Radierung von J.G. Rosen-
berg, um 1780)**

Die Hundesteuer

Rund sechstausend Hunde wurden 1829 in Berlin gehalten. Zu viele, befanden die Stadtväter und führten eine Hundesteuer ein. Für jeden Hund waren drei Taler zu entrichten, „Hunde für Gewerbe sind frei". 1835 wurde zusätzlich ein Maulkorbzwang eingeführt. Das gewünschte Ergebnis erzielte man nicht: Die Zahl der Berliner Hunde wuchs parallel zur Bevölkerungsentwicklung rasant. Der Ertrag dieser Steuer war zweckgebunden: Alle Hauseigentümer waren seit 1825 verpflichtet, auf eigene Kosten den Bürgersteig vor ihrem Grundstück mit Granitplatten zu belegen. Zwei Drittel dieser Ausgaben bekamen sie von der Stadt erstattet – aus den Erlösen der Hundesteuer. Ein völliger Fehlschlag war die Nachtigallensteuer, mit der man das Fangen und Halten der beliebten Singvögel einschränken wollte. Sie wurde nach zwei Jahren wieder abgeschafft.

der beleuchteten Uhr im Mittelfenster der Akademie der Wissenschaften Unter den Linden gestellt.

Die Bürgersteige begann man in den 1820er-Jahren mit großen Platten aus schlesischem Granit, wie man sie noch heute findet, zu pflastern. Und 1848 wurde die städtische Straßenreinigung eingeführt, nachdem das Projekt einer Arbeitsbeschaffungsmaßnahme im Jahr zuvor in zwei Stadtvierteln erfolgreich verlaufen war. Bis dahin hatte jeder Hauseigentümer selbst die Reinigung der Straßen (bis zur Fahrbahnmitte) und die Abfuhr des Hausmülls übernehmen müssen – nur vor öffentlichen Grundstücken und auf Brücken sorgten Schirrmeister und ihre „Straßenknechte" für Sauberkeit. Bereits 1827 hatte die Königliche Stadtpost Berlin in 36 Zustellbezirke eingeteilt, versehen mit Kürzeln für die Himmelsrichtungen und Nummern. Es gab nur zwei Briefkästen: vor der Hauptpost in der Königstraße und in der Spandauer Straße. Darüber hinaus nahmen sechzig private Ladengeschäfte in der ganzen Stadt Briefe an. Die Zustellung der Briefe erfolgte sechsmal täglich. 1829 wurde eine Hundesteuer eingeführt, um die Zahl der Hunde zu verringern.

Seit 1839 verkehrte die erste Pferdetaxe, Droschke genannt, im Linienverkehr mit fahrplanmäßigen Abfahrtzeiten: zwischen Potsdamer Bahnhof und Alexanderplatz. 1846 wurde die erste „Berliner Omnibus-Compagnie" zugelassen, die auf ihrer Linie 1 zwischen Alexanderplatz und Tiergarten auf Zuruf hielt. Den Verkehr zu den Städten und Dörfern im Umland unterhielten die „Torwagen", die vor den Stadttoren standen und losfuhren, wenn alle Plätze besetzt waren.

Vormärz

Schon die Zeitgenossen sahen die Revolution vom *März* 1848 als so gravierende Zäsur an, dass sie die vorangegangenen Jahre als „Vormärz" bezeichneten. Das Klima in Berlin wurde immer politischer und radikaler und steuerte fast zwangsläufig auf das reinigende Gewitter zu. Die Regierung Friedrich Wilhelms IV., auf den die liberalen, bürgerlichen Kräfte große Hoffnungen setzten, begann im Juni 1840 vielverspre-

Parade 1824, links auf dem Schimmel Friedrich Wilhelm III., an der Spitze des Kürassierregiments der spätere Zar Nikolaus I. (F. Krüger)

chend. Der Kunst liebende Monarch, den man später „den Romantiker auf dem Thron" nannte, lud die Brüder Grimm, die der Hannoversche König 1837 als Professoren in Göttingen abgesetzt hatte, nach Berlin (und berief sie ein Jahr später an die Akademie der Wissenschaften). Er erließ eine Amnestie für die politischen Gefangenen und schlug alle schwebenden Verfahren nieder. Dann jedoch machte der König, den Bismarck später als intelligent und geistreich, aber inkonsequent und entschlussschwach charakterisierte, eine Kehrtwende. Zur feierlichen Huldigung lud er Fürsten und Adlige ins Schloss – die Vertreter der Städte und Landkreise mussten draußen bleiben. Berlins Oberbürgermeister Krausnick durfte vor den Augen der im Lustgarten versammelten Menge nur einige Stufen die Freitreppe hinaufsteigen und dann, entblößten

Ein typisches Berliner Lesecafé in der Zeit des Vormärz auf einem Gemälde von G. Taubert, 1832

Hauptes bei strömendem Regen, von unten herauf zum König sprechen. Deutlicher hätte der Monarch seine Herablassung kaum zeigen können.

Kurz darauf berief Friedrich Wilhelm Konservative und Reaktionäre in Schlüsselpositionen des Staates. Eine Verfassung lehnte er, wie sein Vater, ab. Als der Königsberger Arzt Johann Jacoby in seiner Schrift „Vier Fragen" 1841 eine Konstitution forderte, wurde er wegen Hochverrats zur Festungshaft verurteilt und nur auf starken Druck der Öffentlichkeit in zweiter Instanz freigesprochen.

Hatte sich also in der Haltung des Königs zum Volk nichts geändert, so diskutierte das Volk nun aber wieder über König und Staat. Die öffentliche Meinung bildete sich vor allem in den rund hundert Lesecafés und Konditoreien der Stadt. Das Kranzler Unter den Linden, Josty und Courtin, die Koblanksche Konditorei und vor allem Stehely am Gendarmenmarkt, dessen „Rote Stube" als Treffpunkt der Liberalen und Radikalen galt, boten neben Kaffee und Kuchen auch in- und ausländische Zeitungen – das Stehely hielt angeblich achtzig verschiedene im Abonnement. Man las und erfuhr die neuesten Nachrichten, man diskutierte und politisierte. Einer der Wortführer war der Student und Doktorand Karl Marx, der fünf Jahre in der Stadt lebte, wenig später leistete Friedrich Engels seinen einjährigen Militärdienst in Berlin ab.

Dem im April 1844 gegründeten Berliner Handwerkerverein, der nach zwei Jahren über zweitausend Mitglieder zählte, waren zwar politische Betätigungen untersagt, aber er entwickelte sich doch zur „Bildungsstätte für heranwachsende Revolutionäre", so ein frühes Mitglied. Erste Ansätze einer organisierten Berliner Arbeiterschaft bildete der illegale „Bund der Gerechten", dessen Ziel ein „allgemeiner Kommunismus, das heißt Gleichheit aller Menschen bei einem entsprechenden Staatszustande" war. In seinem Auftrag verfassten Marx und Engels 1847/48 das „Kommunistische Manifest". Die durch die wachsende Massenarmut immer drängendere „soziale Frage" spielte in vielen bürgerlichen Diskussionen allerdings weiterhin keine große Rolle.

Während sich die gebildeten Bürger politisch reaktivierten, kam es in den verarmten Unterschichten zu ersten großen Protesten. 1844 konnte der große Weberaufstand in Schlesien vom Militär nur blutig niedergeschlagen werden. In Berlin traten die Kattundrucker kurzzeitig in den Streik – leider lässt sich nicht rekonstruieren, mit welchem Ergebnis. Ob das Attentat, das der ehemalige Bürgermeister von Storkow, Heinrich

Ludwig Tschech, am 26. Juli 1844 auf den König verübte, politische Hintergründe hatte, weiß man nicht. Friedrich Wilhelm wurde nur leicht verletzt, der Täter später in Spandau hingerichtet.

Im Dezember 1844 erteilte der König endlich die Weisung, eine Verfassung vorzubereiten, doch als der Vereinigte Landtag, die erstmals zusammengerufene Vertretung der preußischen Provinzialstände, im April 1847 im Weißen Saal des Berliner Schlosses zusammenkam, eröffnete der König die

Friedrich Wilhelm IV., genannt der Romantiker auf dem Thron

Sitzung mit den Worten, er werde nie „ein beschriebenes Blatt" (eine Verfassung) akzeptieren, „um uns mit seinen Paragraphen zu regieren und durch sie die alte heilige Treue zu ersetzen". Während man sechs Wochen lang ergebnislos tagte – die liberale Mehrheit forderte unter anderem die Einrichtung des Landtages auf Dauer –, verkauften pfiffige Berliner auf den Straßen „Konstitutions-Pfannkuchen", die innen hohl waren. Die Welle der politischen Verhaftungen und Bücherverbote erreichte in jenem Jahr ihren Höhepunkt. Zudem kam es im April zu ernsten Versorgungsengpässen. Einkaufende Frauen plünderten Kartoffelstände, Bäckereien und Fleischereien, das aufgebrachte Volk randalierte und demolierte. Dreihundert Menschen wurden während der „Kartoffelrevolution" verhaftet, erst nach drei Tagen hatte das Militär die Ruhe wiederhergestellt – die Ruhe vor dem ganz großen Sturm.

1848 – Die Revolution

Zwischen dem 22. und dem 24. Februar erzwangen vor allem Studenten und Arbeiter in Paris die Abdankung des Königs und die Ausrufung der Republik, am 4. März wurde in der französischen Hauptstadt das allgemeine und gleiche Wahlrecht verkündet. In Mannheim, Stuttgart, Darmstadt und anderen deutschen Hauptstädten kam es Ende Februar zu Volksversammlungen und Aufständen, und seit dem 7. März versammelten sich auch in Berlin Tag für Tag Tausende in den „Zelten", einem der beliebten Ausflugslokale an der Spree (nahe dem heutigen Bundeskanzleramt). Wie in den anderen deutschen Hauptstädten auch, wurde eine „Adresse" an den König formuliert, welche die wichtigsten Forderungen der Bürger zusammenfasste, darunter Presse-, Rede- und Versammlungsfreiheit, gleiches Wahlrecht unabhängig von Religion und Besitz, unabhängige Gerichte, die Volksbewaffnung, eine allgemeine deutsche Volksvertretung und die sofortige Einberufung des Vereinigten Landtages. Die Adresse endete mit den Worten: „Nur die Gewährung dieser Wünsche wird im Stande sein, die Eintracht zwischen König und Volk zu sichern, auf welcher allein die Kraft der Nation nach Innen und Außen beruht." Die Adresse erreichte den König nie, weil er und seine Berater sich diese „Zudringlichkeit" verbaten. Oberbürgermeister Krausnick weigerte sich, zwischen Volk und König zu vermitteln. Die Stadtverordneten erarbeiteten vielmehr eine sehr abgeschwächte eigene Adresse, doch der König ließ die Verordneten drei Tage warten, ehe er sie gnädig empfing.

Die Wortführer in den Volksversammlungen waren liberale Bürger, doch auch die Arbeiter, die durch die ganz Europa seit 1846 erfassende Wirtschaftskrise in großem Maße zu verelenden drohten, begannen ihren Forderungen Gehör zu verschaffen. Die Firma Borsig etwa hatte erst

Die „Zelte" am Nordrand des Tiergartens, im 19. Jh. Berlins beliebtestes Vergnügungsviertel

Die Firma Borsig

August Borsig, geboren 1804 in Breslau, hatte wie sein Vater Zimmermann gelernt, die Berliner Gewerbeschule besucht und dann eine Maschinenbauerausbildung in der Eisengießerei Egells absolviert, wo er bald zum Betriebsleiter aufstieg. 1836 kaufte er das Nachbargrundstück an der Ecke Thorstraße / Chausseestraße und begann, auf eigene Rechnung Maschinen, Dampfmaschinen und seit 1841 vor allem Lokomotiven zu bauen. Die gewonnene Wettfahrt einer Borsig-Lokomotive gegen eine englische Maschine auf der Strecke Berlin–Jüterbog brachte Borsig den Durchbruch. 1847 expandierte das Unternehmen nach Moabit, 1850 beschäftigte man bereits 1800 Arbeiter. 1854, im Todesjahr des Unternehmensgründers, wurde die 500. Lokomotive ausgeliefert. Es entstanden Zweigwerke in Breslau und Dortmund, 1898 wurde das neue Hauptwerk in Tegel eingeweiht. Die Firma Borsig war da schon längst der größte Lokomotivenproduzent Europas und der zweitgrößte der Welt, baute aber auch Dampfmaschinen, Schiffsmotoren, Kältemaschinen und ähnliches. Die Weltwirtschaftskrise überlebte die Firma, inzwischen eine GmbH, nur dank der Fusion mit der AEG 1931, die Lokomotivproduktion wurde nun nach Hennigsdorf verlagert. Nach einem Zwischenspiel als Teil der Reichswerke Hermann Göring und der Rheinmetall wurde die Borsig AG 1950 neu gegründet. Als Tochter des Babcock-Konzerns schrumpfte der Tegeler Betrieb, wo 1960 noch rund 6000 Menschen arbeiteten, beträchtlich. 2002 musste die Babcock-Borsig AG, Oberhausen, Konkurs anmelden. Heute arbeiten noch knapp dreihundert Mitarbeiter für ein halbes Dutzend Firmen, die den Namen Borsig tragen, in Tegel, Hamburg, Gladbeck und Meerane.

Lokomotivbau bei Borsig

Anfang März rund vierhundert Arbeiter, ein Drittel der Belegschaft, entlassen müssen.

Als die Volksmassen am Abend des 13. März 1848 von den „Zelten" in die Stadt zurückkehrten, wurden sie am Brandenburger Tor vom Militär erwartet. Es kam zu schweren Zusammenstößen: Die Soldaten gebrauchten ihre Waffen, das Volk wusste sich nur mit Steinwürfen zu wehren. Es gab zahlreiche Verletzte. Als sich die Zusammenstöße in den nächsten Tagen wiederholten, ging die Regierung auf den Vorschlag aus der Bürgerschaft ein, Unbewaffnete als Vermittler aufzustellen. Honoratioren und Bürger im Kommu-

Die Grabstätte Borsig auf dem Dorotheenstädtischen Friedhof

naldienst wurden berufen, um mit weißen Armbinden und Holzstöcken versehen für Ordnung zu sorgen und die etwa zweihundert Berliner Polizisten zu entlasten. Das Volk sah sie jedoch als Handlanger der Staatsmacht an, und bei ihrem ersten Großeinsatz am 16. März musste das Militär die Schutztruppe selbst vor den Demonstranten beschützen. Wieder gab es Tote und Verwundete.

Als Konsequenz forderte die Volksversammlung am 17. März die Bildung einer bewaffneten Bürgerwehr, deren Mitglieder wohlgemerkt nur aus der Bürgerschaft kommen sollten. Diese zählte rund 27 000 Köpfe – die übrigen vierhunderttausend Berliner besaßen kein Bürgerrecht, da es an Grundbesitz und Vermögen gekoppelt war. (Die Trennung zwischen „Bürgern" und „Schutzverwandten" wurde 1850 aufgehoben). Im Übrigen wurde eine neue Adresse an den König formuliert:

Allergnädigster König!
Unerreichbares zu erstreben liegt nicht in unserer Absicht; wir beschränken uns auf das Notwendigste, dadurch nur die Pfade weiterer Entwicklung anbahnend. Dahin gehört:

Überall in Berlin wurde im April 1848 öffentlich debattiert, so hier bei einer Versammlung in den „Zelten" im Tiergarten

1. *Zurückziehung der militärischen Macht;*
2. *Organisation einer bewaffneten Bürgergarde;*
3. *Gewährung der uns seit einem Menschenalter verbürgten, unbedingten Pressefreiheit;*
4. *Einberufung des vereinigten Landtages.*
Wird uns dies gewährt, wird es uns sofort gewährt, dann garantieren wir den wahren Frieden unserer Stadt.

Das Schreiben sollte dem König am 18. März durch eine Delegation und im Rahmen einer Massendemonstration überreicht werden. Die Nachrichten aus Wien, wo ein blutiger Volksaufstand am 15. März den Staatskanzler Metternich zur Flucht gezwungen hatte, bestärkten die Berliner Revolutionäre: „Was die Wiener können, können wir auch."

Am Morgen des 18. März kündigte der König endlich die Einführung einer Verfassung und die Pressefreiheit an, doch die Demonstration ließ sich nicht mehr absagen – die Massen strömten bereits auf den Schlossplatz. Nach 13 Uhr erschien der König auf dem Schlossbalkon und wurde bejubelt, sein Minister Bodelschwingh verlas die Ankündigung der Reformen. Damit waren allerdings nicht alle Forderungen erfüllt, und das

Volk forderte nun auch den Rückzug des Militärs. Indigniert befahl der König schließlich, den Schlossplatz „zu säubern und dem dort herrschenden Skandal endlich ein Ende zu machen". Gegen den ausdrücklichen Befehl, „mit eingesteckter Waffe" vorzugehen, begann die Kavallerie die Säbelattacke, die ersten Schüsse fielen. Die Menschen stürmten in Panik vom Schlossplatz in die angrenzenden Straßen, wo sie sich hinter Barrikaden aus Straßenständen, Fuhrwerken, Baumaterial und ähnlichem verschanzten und den Kampf gegen das Militär aufnahmen – in dem Gefühl, vom König verraten worden zu sein. 14 Stunden währte der Bürgerkrieg, der von den meisten Bürgern unterstützt wurde, in dem aber vor allem Arbeiter und Handwerker an vorderster Front kämpften. „Man kann nicht verbergen", berichtete der russische Gesandte von Meyendorff zwei Tage später nach St. Petersburg, „dass der allergrößte Teil der Bürger an dem Aufstand teilgenommen hat; sogar die Hausbesitzer begünstigten, bevor die Truppen vordrangen, den Barrikadenbau und das Aufreißen des Straßenpflasters; die Pflastersteine wurden von Frauen und kleinen Kindern auf das Dach der Häuser getragen."

Die Zahl der aktiven Barrikadenkämpfer war allerdings wesentlich

Barrikadenkampf am 18. März 1848, hier an der Ecke Kronen- / Friedrichstraße (Lithografie von F. G. Nordmann)

geringer, man schätzt sie auf drei- bis viertausend. Ihnen gegenüber standen 12 000 Soldaten, die mit großer Brutalität vorgingen und Haus um Haus zu erobern versuchten. Um Mitternacht schlug der kommandierende General von Prittwitz dem König schließlich vor, die auch fürs Militär verlustreichen Kämpfe einzustellen. Falls die Bürger nicht zur Besinnung kämen, sollte das Militär die Stadt verlassen und von außen beschießen. Friedrich Wilhelm wollte seine Residenzstadt jedoch nicht in Flammen aufgehen sehen und richtete stattdessen, nachdem er die Einstellung des Kampfes befohlen hatte, eine Proklamation „An meine lieben Berliner", in denen er den Bürgern eine goldene Brücke baute und „eine Rotte Bösewichter, meist aus Fremden bestehend" als Urheber des Aufstands bezeichnete. Die Berliner sollten die Barrikaden räumen und zu Verhandlungen zurückkehren. Er gab sein Wort darauf, dass das Militär sich zurückziehen werde. Nach ersten Verhandlungen und nachdem die erste Barrikade abgetragen war, befahl der König tatsächlich den vollständigen Rückzug der Truppen aus Berlin – gegen den scharfen Widerspruch seiner Militärs.

183 „Märzgefallene" wurden auf den Schlossplatz gebracht, wo Friedrich Wilhelm, der sich nun ganz in die Hand seines Volkes begeben hatte, zur Ehrung der Toten gezwungen war. Der württembergische Gesandte berichtete, der König sei „erniedrigt und gedemütigt wie kein anderer deutscher Fürst".

Der König berief eine neue Regierung unter dem Liberalen Ludolf Camphausen und ließ zur Wahrung der Ordnung eine Bürgerwehr aufstellen, die mit Waffen aus dem Zeughaus versehen wurde. Vierhundert Borsig-Arbeiter bildeten unter Führung ihres Firmenchefs ein eigenes „Arbeiterbataillon". Alle politischen Gefangenen wurden amnestiert, die Zensur und weitere Verbote aufgehoben – so durfte man nun auch auf offener Straße rauchen. Zum Zeichen der Versöhnung zwischen König und Volk begab sich Friedrich Wilhelm am 21. März auf einen Umritt durch die Straßen Berlins, am Arm eine schwarz-rot-goldene Armbinde. Mitsamt seinen Generälen und Ministern folgte er der deutschen Trikolore, und auch auf dem Schloss wurde die schwarz-rot-goldene Flagge gehisst. In einer Proklamation „An die deutsche Nation" kündigte er an, sich an die Spitze des Vaterlandes stellen zu wollen, worauf ihn die Menge als „Kaiser von Deutschland" feierte.

Am 22. März wurden die Toten des Bürgerkriegs, die man auf dem

Gendarmenmarkt aufgebahrt hatte, in einem Trauerzug in den Friedrichshain vor den Toren der Stadt geleitet, der gerade erst als städtischer Volkspark angelegt worden war. Vor dem Schloss erwiesen ihnen König und Minister die letzte Ehre. Inklusive den später ihren Verletzungen Erlegenen, die nachbestattet wurden, kosteten die Berliner Barrikadenkämpfe circa dreihundert Menschen das Leben. Die Kosten der Bestattung und die Sorge für die Verletzten und Hinterbliebenen übernahm die Stadt. Auch 15 gefallene Soldaten wurden auf Stadtkosten und unter Geleit der Städter auf dem Invalidenfriedhof bestattet. Der Hass während der Kämpfe war vergeben und vergessen – allerdings, wie sich zeigen sollte, nur aufseiten der Demokraten.

Dank der Pressefreiheit entstanden rund 150 meist kurzlebige Zeitungen und zahlreiche satirische Schriften und Flugblätter. Die Vereinsfreiheit führte zur Gründung politischer „Klubs", den Vorläufern politischer Parteien, und auf dem „Deutschen Arbeiterkongress" wurde die erste nationale Arbeiterorganisation, die „Arbeiterverbrüderung" formiert.

Angesichts der anhaltenden Wirtschaftskrise und der hohen Arbeitslosigkeit legte die Stadt Berlin ein „Notstandsprogramm" auf, das 5500

König Friedrich Wilhelm IV. empfängt im Mai 1848 die Abordnung der Deutschen Nationalversammlung im Potsdamer Schloss Sanssouci

Arbeiter vorübergehend in Lohn und Brot setzte. So wurden zum Beispiel der Spandauer Schifffahrtskanal angelegt und die Rehberge planiert, der 1845 begonnene Bau des Landwehrkanals wurde forciert. Trotz allem kam es immer wieder zu Demonstrationen von Arbeitslosen vor dem Rathaus. Sie blieben zwar friedlich, machten den Bürgern, die sich nach Ruhe sehnten, aber doch Angst. Die Mehrheit der 15 000 Bürgerwehrmänner setzte sich schließlich für die Rückkehr des Militärs ein, und so kehrten zwei Militärregimenter nach Berlin zurück – nur elf Tage nach dem blutigen Barrikadenkampf!

Am 1. Mai 1848 konnten sechzigtausend Berliner die Abgeordneten der preußischen und der deutschen Nationalversammlung wählen. Wahlberechtigt waren alle volljährigen Männer (über 24), die mindestens sechs Monate in Berlin ansässig waren und keine öffentliche Armenunterstützung erhielten. Gewählt wurden ausnahmslos die Kandidaten der Märzbewegung. Bei den Wahlen zur Berliner Stadtverordnetenversammlung wenig später, die nach dem alten Wahlrecht erfolgten, setzten sich dagegen erneut die Konservativen und die gemäßigt Liberalen durch.

Zwei Tage nachdem das erste gesamtdeutsche Parlament in der Frankfurter Paulskirche die Arbeit aufgenommen hatte, eröffnete der König am 20. Mai im Weißen Saal des Schlosses feierlich die Preußische Nationalversammlung. Die weiteren Sitzungen fanden in der Singakademie (heute Maxim-Gorki-Theater), ab September im größeren Schauspielhaus am Gendarmenmarkt statt. Während die Parlamentarier tagten, kam es draußen immer wieder zu Zusammenstößen zwischen Demonstranten und der Bürgerwehr. Am 14. Juni erstürmte die Menge das Zeughaus, das erst in der Nacht von Armee und Bürgerwehr zurückerobert werden konnte. Die Märzregierung trat zurück, Polizei und Bürgerwehren wurden verstärkt. In sein neues Kabinett berief der König vor allem Offiziere und Beamte.

In der Nationalversammlung begannen sich allmählich die radikalen Kräfte durchzusetzen, die unter anderem die Abschaffung des Adels forderten. Angeheizt wurde die Stimmung durch die Nachrichten aus dem revolutionären Wien, das nach acht Tagen blutigen Kampfes am 31. Oktober vom Militär zurückerobert wurde. Am selben Tag kam es vor dem Schauspielhaus erneut zu blutigen Zusammenstößen zwischen Demonstranten und Bürgerwehr, welche der König zum Anlass nahm, am 9. November die Nationalversammlung zu vertagen und nach Bran-

Sturm des Pöbels auf das Zeughaus in Berlin
am 14. Juni 1848.

Plünderung des Zeughauses zu Berlin
am 14. Juni 1848.

Arbeiter und Handwerker erstürmen am 14. Juni 1848 das Zeughaus und nehmen zahlreiche Waffen an sich

denburg / Havel zu verlegen, da er die Sicherheit in Berlin andernfalls nicht mehr gewährleisten könne. Einen Tag später rückten 13 000 Soldaten unter General von Wrangel nach Berlin ein. Sie umstellten das

Schauspielhaus, ließen die protestierenden Abgeordneten der National-versammlung abziehen und versperrten dann die Eingänge, um künftige Versammlungen zu verhindern.

Die Regierung verhängte den Belagerungszustand über Berlin, und Wrangel, dem nun alle Behörden unterstellt waren, verfügte die Schlie-ßung der politischen Vereine und ein Versammlungsverbot. Zahlreiche Zeitungen und Schriften wurden verboten, die Bürgerwehr wurde aufge-löst. Widerstandslos ließen sich die Bürger entwaffnen – rund zwanzig-tausend Gewehre sammelte das Militär in einer großangelegten Durch-suchungsaktion ein. Die Nationalversammlung, die, vom Militär verfolgt, täglich an einem anderen Ort tagte, rief die Bevölkerung auf, keine Steu-ern mehr zu zahlen, solange das Parlament nicht öffentlich tagen dürfe. Doch der Appell fand kaum Resonanz, die Berliner waren der Revolution müde. Hausdurchsuchungen und Verhaftungen, politische Prozesse, Ausweisungen und scharfe Pressezensur ließen die Bürger resignieren. Zahlreiche preußische Revolutionäre gingen ins Exil, so Ferdinand Frei-ligrath und Gottfried Kinkel, Wilhelm Weitling, Friedrich Engels und der Chefredakteur der „Neuen Rheinischen Zeitung" in Köln, Karl Marx.

General Friedrich von Wrangel fordert am 10. November 1848 den Abzug der Berliner Bürgerwehr

Friedrich Graf von Wrangel

König Friedrich Wilhelm IV. übertrug dem bereits 64-jährigen gebürtigen Stettiner, der schon in den Befreiungskriegen gedient hatte, 1848 das Oberkommando über die Truppen rings um das „aufrührerische" Berlin. Unter Wrangels Befehl rückten am 10. November 13 000 Soldaten nach Berlin ein. Zwar war er es, der die Nationalversammlung zur Auflösung zwang und anschließend einschneidende Einschränkungen des öffentlichen Lebens verfügte. Doch während des folgenden achtmonatigen „Belagerungszustandes" gab sich Wrangel als überparteilicher, militärischer Schutzherr aller Berliner – mit Erfolg. Der volkstümliche, stark berlinernde „Papa Wrangel" wurde rasch ziemlich beliebt – und blieb es in seinen folgenden Jahren als Feldmarschall und Gouverneur von Berlin. 1850 zum Ehrenbürger der Stadt erhoben, bewohnte er ein Palais am Pariser Platz, in dem er 1877 starb.

Am 6. Dezember „oktroyierte" Friedrich Wilhelm IV. eine Verfassung, die Preußen zur konstitutionellen Monarchie machte. Sie sollte allerdings noch von beiden Kammern des Landtages bestätigt werden. Dass neben dem Herrenhaus auch das gewählte Abgeordnetenhaus in seinem Sinne abstimmte, leitete der König wenige Monate später in die Wege – über ihren erneuten Wahlerfolg im Januar 1849 sollten sich die Demokraten also nicht lange freuen können.

Am 28. März 1849 beschloss der Bundestag in Frankfurt eine Verfassung für das Deutsche Reich, an dessen Spitze ein erblicher Kaiser stehen sollte. Die Wahl fiel auf den preußischen König. Der ließ die angereiste Deputation jedoch mit höflichen Worten abfahren. „Ohne das freie Einverständnis der gekrönten Häupter" könne er die Wahl nicht annehmen. Als das Abgeordnetenhaus die Reichsverfassung annahm und vom König endlich die Aufhebung des Belagerungszustands forderte, löste der König das Parlament kurzerhand auf. Es kam erneut zu blutigen Zusammenstößen zwischen Demonstranten und Militär, die vier Menschenleben forderten.

Für die anstehenden Neuwahlen führte der König am 30. Mai 1849 das Dreiklassenwahlrecht ein, das bis 1918 gültig blieb: In jedem Wahlbezirk wurden alle Männer über 24 Jahre in drei gleichgewichtige Klassen eingeteilt, und zwar so, dass jede Klasse das gleiche Steueraufkommen repräsentierte. Die einzelne Stimme eines reichen Fabrikbesitzers wog also unter Umständen mehr als die Stimmen all seiner Arbeiter zusammen. 1849 stimmten 4,7 Prozent der Wahlberechtigten in der ersten Klasse, 12,6 Prozent in der zweiten Klasse und 82,6 Prozent in der dritten Klasse. Wie noch heute in den USA wurden in der „Urwahl" „Wahlmänner" gewählt, die dann die Abgeordneten wählten.

Die Demokraten riefen daraufhin zum Wahlboykott auf, der auf viel Resonanz stieß. Aber auch ohne Boykott wäre das Ergebnis eindeutig ausgefallen: Im neuen Abgeordnetenhaus befand sich kein einziger Linker. „Die Revolution ist bezwungen", triumphierte der Staatsminister. Einen Tag später wurde der Belagerungszustand über Berlin aufgehoben. Am 31. Januar 1850 konnte die neue Preußische Verfassung nach Zustimmung und Revision der beiden Landtagskammern verabschiedet werden.

Die Jahre der „Reaktion" nach 1848/49

Die folgenden Jahre waren bestimmt von tiefen Einschränkungen der Vereins- und der Pressefreiheit. Bei jeder Versammlung eines politischen Vereins mussten Polizisten zugegen sein, die die Versammlung jederzeit auflösen konnten. Verdächtige Reisende konnten auf den Berliner Bahnhöfen von der Fremdenpolizei kontrolliert werden. Pressezensur, Verhaftungen, Ausweisungen, Beschlagnahmungen waren weiterhin an der Tagesordnung.

Als ein Unteroffizier am 22. Mai 1850 auf dem Potsdamer Bahnhof mit den Worten „Es lebe die Freiheit!" auf den König schoss, ihn aber nur leicht verletzte, notierte der Publizist Karl Varnhagen von Ense in sein Tagebuch: „Die Reaktion ist am meisten darüber ärgerlich, dass der Mann wirklich vom Militär ist und in der Garde gedient hat; es wäre doch so schön, wenn herauszubringen wäre, dass er demokratische Vereine besucht und demokratische Blätter gelesen habe!"

Die neue preußische Gemeindeordnung von 1850 zementierte die ungleichen Kräfteverhältnisse im Stadtparlament. Wahlberechtigt waren nur Männer mit mindestens 300 Talern Jahreseinkommen – das waren rund fünf Prozent der Bevölkerung. Auch hier wurde das Dreiklassenwahlrecht eingeführt. Zudem musste die Hälfte der Stadtverordneten, die auf sechs Jahre gewählt wurden, Hausbesitzer sein. Die Wahlen gewannen – wen wundert es – die Konservativen haushoch. Und sie

Auf dem Potsdamer Bahnhof (hier um 1839) wurde im Mai 1850 ein Attentats-versuch auf Friedrich Wilhelm IV. vereitelt

nutzten das wiedergewonnene Recht, den Bürgermeister selbst zu wählen, zu einer Demonstration: Zum Stadtoberhaupt kürten sie den alten Oberbürgermeister Heinrich Wilhelm Krausnick, den die Märzrevolution aus dem Amt gejagt hatte.

Mächtigster Mann in allen städtischen Angelegenheiten blieb jedoch der vom König eingesetzte Polizeipräsident. Statur gewann vor allem der 1848 bis 1856 amtierende Carl Ludwig von Hinckeldey, ein Erzreaktionär, der jedoch viele zukunftsweisende Projekte einleitete: Er modernisierte den Polizeiapparat, schuf eine Berufsfeuerwehr und ordnete die Wasserversorgung Berlins neu. 1853 entstand am Stralauer Tor Berlins erstes Wasserwerk, seit 1856 lieferte die englische „Berlin Waterworks Comp." ihren Kunden geklärtes Spreewasser. Hinckeldeys Ende übrigens war stilgemäß: Er starb in einem Duell.

Nach der gescheiterten Revolution geriet Berlin geistig und kulturell in eine Phase der Stagnation, die erst mit dem Monarchenwechsel Ende der 1850er-Jahre endete. 1857 übernahm Prinz Wilhelm die Amtsgeschäfte von seinem zunehmend umnachteten Bruder, nach seinem Tod 1861 folgte er ihm, 64-jährig, als König Wilhelm I. Der 1848 als Erzreaktionär aufgetretene „Kartätschenprinz" war seitdem mehr und mehr von den konservativen Beratern seines Bruders abgerückt. Wegen seiner Geradlinigkeit und Schlichtheit – er lebte noch als Kaiser bis zu seinem

Tode in seinem Palais Unter den Linden gegenüber der Universität – war er beim Volk weithin beliebt. Die Hoffnungen des liberalen Bürgertums aber ruhten auf seinem Sohn und Thronfolger Friedrich, der mit der englischen Königinnentochter Victoria verheiratet war.

Welches Klima in Berlin bis dahin geherrscht hatte, zeigt die Weisung des Berliner Oberstaatsanwalts an die Polizei, sich bei ihren Maßnahmen künftig an geltende Gesetze zu halten. „Die Versicherung, dass die Gesetze verbindlich sein sollen auch für die Polizei, wird als der Beginn einer neuen Zeitrechnung angesehen", kommentierte Varnhagen.

Zahlreiche Alt-„48er" nutzten die 1860 ausgesprochene Amnestie und kehrten in den Journalismus zurück. Es kam zu einer regelrechten Gründungswelle, und 1870 hatten die Berliner die Wahl zwischen zehn politischen Tageszeitungen.

Im Berliner Bürgertum dominierte inzwischen der Liberalismus. Die 1861 unter Mitwirkung von Rudolf Virchow, Theodor Mommsen (beide vertraten Berlin zeitweilig im Preußischen Abgeordnetenhaus und im Reichstag) und Werner Siemens gegründete Deutsche Forschrittspartei stellte lange Jahre die Mehrheit der (Berliner) Abgeordneten in der Stadtverordnetenversammlung, im Preußischen Abgeordnetenhaus und im Reichstag. Auch der erste Oberbürgermeister, der 1869 ins frisch erbaute „Rote Rathaus" einzog, war ein Liberaler, Karl Seydel. Zur stärksten Organisation der Berliner Arbeiterbewegung entwickelte sich der 1859 reorganisierte, liberal ausgerichtete Handwerkerverein. Gemäß der vom Sozialpolitiker Hermann Schulze-Delitzsch entwickelten

Das Rote Rathaus

Das Berliner Rathaus, nach der Farbe seiner Backsteinmauern auch „Rotes Rathaus" genannt, entstand in den Jahren 1861–71 als Symbol des gewachsenen Selbstbewusstseins der Stadt Berlin. Indem sich die Stadtväter für den Entwurf des jungen Architekten Heinrich Waesemann aussprachen, setzten sie dem nach-schinkelschen Klassizismus der staatlichen Bauten eine eigene Architektur – in avantgardistischer Neorenaissance – entgegen. Der Turm erinnert an die Rathaustürme der einstmals mächtigen und zum Teil politisch unabhängigen Handelsstädte in Flandern und Oberitalien, mit einer Höhe von 74 Metern überragt er sogar die Kuppel des Schlosses. 25 Häuser mussten dem riesigen Neubau weichen, der die (damals) enorme Bausumme von acht Millionen Mark verschlang.

Leitidee der Selbsthilfe entstand in Berlin ein starkes Genossenschafts-
wesen mit Konsumvereinen, Produktivgenossenschaften und „Volks-
küchen".

Hart auf die Probe gestellt wurden die freiheitlichen Rechte aber
noch einmal während des „Verfassungskonflikts", der 1861 zwischen
der königlichen Regierung und dem preußischen Parlament um eine
Heeresreform entbrannte. Der König verschärfte diesen noch dadurch,
dass er 1862 den während der Revolution als konservativer Scharf-
macher aufgetretenen Otto von Bismarck zum Ministerpräsidenten berief. Vier Jahre lang regierte Bismarck ohne parlamentarische Mehrheit
und ohne verfassungsmäßigen
Haushalt. Erst seine außen-
politischen Erfolge brachten den
Konservativen und den National-
liberalen 1866 die Mehrheit im
Preußischen Abgeordnetenhaus
und Bismarcks Politik im Nachhinein die parlamentarische Zustimmung. Seinen Berliner Wahl-
kreis bei der Reichstagswahl 1867
konnte Bismarck jedoch nicht gewinnen. Die Berliner mochten ihn
nicht – und umgekehrt: Nach der
Reichsgründung erwog Bismarck
zeitweilig, die Regierungsbehör-
den nach Kassel zu verlegen.

Reichskanzler Otto von Bismarck
(Lithografie, 1886)

In den 1850er-Jahren setzte
die Industrialisierung Berlins in
großem Stil ein. Vor allem Menschen aus Brandenburg, West- und Ost-
preußen, Schlesien und Pommern (in dieser Reihenfolge) zog es in die
größte Industriestadt Mitteleuropas, deren Einwohnerzahl sich zwischen
1849 und 1871 von 412 000 auf 825 000 verdoppelte. Die Zuwanderer
drängten in die Betriebe oder boten sich dem rasant wachsenden Mittelstand als Dienstpersonal an: Es entstand die Berufsgruppe und soziale
Schicht der Dienstmädchen.

Berlin wuchs nun nach allen Seiten über die alte Akzisemauer hinaus,
die (wie auch alle Stadttore mit Ausnahme des Brandenburger Tores)

Das Feuerland

„Vom Oranienburger Tor aus reihte sich an der rechten Seite der Chausseestraße eine große Maschinenfabrik an die andere in fast ununterbrochener Reihenfolge. In den Straßenlärm hinein tönte überall schallendes Geräusch, und das dumpfe Pochen mächtiger Dampfhämmer erschütterte weithin den Boden, dass in den Wohnhäusern gegenüber die Fußböden zitterten, die Gläser klirrten und die Lampenkugeln klapperten. Zu gewissen Stunden war die Straße ein Flussbett mächtiger Ströme von schwärzlichen Arbeitern, die aus den Fabriken in sie einmündeten." So der Schriftsteller Heinrich Seidel, der als Ingenieur selbst eine Zeitlang bei Wöhlert arbeitete, rückblickend aus dem Jahr 1882.

1805 nahm an der Panke vor dem Oranienburger Tor die Königliche Eisengießerei ihren Betrieb auf – dort, wo heute an der Invalidenstraße das Naturkundemuseum liegt. Sie erwarb sich auch durch die enge Zusammenarbeit von Technikern und Künstlern (allen bedeutenden Berliner Bildhauern der Zeit) schnell internationales Renommee; Berliner Eisen-, Bronze- und Zinkguss war berühmt. 1816 entstand hier die erste außerhalb Englands gebaute Lokomotive, die allerdings noch nicht ausgereift war. Ganz in der Nähe gründete Franz Anton Egells 1826 Berlins erste private Eisengießerei. Ihr folgten in unmittelbarer Nachbarschaft die Maschinenbaufabriken von August Borsig, ehemals Betriebsleiter bei Egells, 1837, F.A. Pflug 1838, Friedrich Wöhlert 1842, Louis Schwartzkopff 1852 sowie an der Gartenstraße die Firma Carl Hoppe 1848. Allein die Firma Borsig, die rasch zu Berlins größtem Unternehmen heranwuchs, beschäftigte 1847 1200 Arbeiter. 1847–50 entstand ein zweiter Standort in Moabit, 1898 verlagerte Borsig die komplette Produktion nach Tegel, und das „Feuerland" wurde zum Wohngebiet.

Borsigs Maschinenbau-Anstalt im „Feuerland" (K. E. Biermann, 1847)

1866–69 abgetragen wurde. Moabit, Wedding, Gesundbrunnen und die nördlichen Teile von Schöneberg und Tempelhof wurden 1861 nach Berlin eingemeindet, weitere mit Berlin verwachsene Gebiete blieben jedoch außerhalb der Stadtgrenzen. Die angrenzenden Kreise wehrten sich dagegen, wohlhabende Gemeinden abzugeben, während der Berliner Magistrat keine sozial schwachen Wohnviertel eingemeinden wollte.

Für das weitere Wachstum Berlins sollten die Gemeindegrenzen allerdings keine Rolle spielen. Mit der Planung einer Stadterweiterung um eineinhalb Millionen Einwohner wurde 1857 der im Polizeipräsidium arbeitende James Hobrecht beauftragt. Bestehende Feldwege sollte Hobrecht aus Kostengründen einbeziehen, Privatgrundstücke unangetastet lassen. Wegen zeitraubender Einsprüche von Grundbesitzern konnte der Wunsch des Königs nach einem prächtigen Ringstraßensystem dann auch nur unvollständig umgesetzt werden. Im Süden legte man im Rückgriff auf ältere Pläne von Lenné einen Zug von Boulevards an, die nach Generälen des Befreiungskrieges benannt wurden: Tauentzien, Kleist, Bülow, Yorck, Gneisenau. Das geplante Zentrum des „Generalszuges", der „Wahlstattplatz" am Kreuzungspunkt mit der geplanten Nord-Süd-Achse in der Mitte der Yorckstraße, scheiterte jedoch an den Eisenbahngesellschaften, die ihr Gelände nicht räumen wollten. Die Yorckstraße weicht seitdem nach Süden aus, wo sie die Bahnanlagen unter zahlreichen Brücken unterquert.

Mit dem „Hobrechtplan" von 1862 erhielt Berlins Stadtplanung eine tragfähige Grundlage, die einen Wildwuchs ins Umland verhinderte, Berlin aber andererseits zur „größten Mietskasernenstadt der Welt" werden ließ. Für die innere Bebauung der 200 bis 400 Meter langen und 150 bis 200 Meter tiefen Straßenblöcke gab es keine Vorschriften. Und so wurden die tief in die Straßenblöcke reichenden Grundstücke eng mit oft mehreren Hinterhöfen bebaut. Die Höfe mussten allein das Wenden der Feuerspritze ermöglichen, und das bedeutete eine Hofgröße von 5,34 mal 5,34 Meter, seit 1887 von 60 Quadratmetern. Die Höhe der Häuser durfte die Breite der Straße nicht überschreiten, das waren in der Regel 22 Meter (fünf Vollgeschosse).

Hobrecht selbst erhoffte sich die großen Wohnhäuser als Mittel, die verschiedenen sozialen Schichten der Bevölkerung in Kontakt zu bringen und zu durchmischen. „Im ersten Stockwerk eine Wohnung zu

Berlins Bevölkerungsentwicklung

1700	28 500	1790	150 800	1864	633 300
1709	57 000	1800	172 100	1867	702 400
1721	64 600	1810	163 000	1871	825 900
1730	72 000	1820	199 500	1875	966 900
1740	81 100	1830	247 500	1885	1 315 300
1750	113 300	1840	322 600	1895	1 677 300
1760	101 600	1849	412 200	1905	2 040 100
1770	133 500	1858	458 600	1919	1 928 000
1780	140 600	1861	547 600		

500 Talern Miete, im Erdgeschoss und zweiten Stockwerk je zwei Wohnungen zu 200 Talern, im dritten Stockwerk je zwei Wohnungen zu 150 Talern, im vierten drei Wohnungen à 100 Taler, im Keller, auf dem Bodenraum, im Hinterhause oder dergleichen noch mehrere Wohnungen à 50 Taler. [...] In der Mietskaserne gehen die Kinder aus den Kellerwohnungen in die Freischule über denselben Hausflur wie diejenigen des Rats oder Kaufmanns auf dem Wege zum Gymnasium." Der tägliche Kontakt mit den Bessergestellten werde die einfachen Mieter zur strebsamen Nachahmung anregen, zudem werde die Nachbarschaftshilfe gestärkt: „Hier ein Teller Suppe zur Stärkung bei Krankheit, da ein Kleidungsstück [...]."

Die Realität entwickelte sich anders: Die öffentliche Hand hielt sich aus dem Wohnungsbau komplett heraus, und so entstanden große Wohnviertel, deren Angebot völlig am Markt vorbeiging. Während die finanzkräftigen Bauherren auf große Wohnungen für reiche Mieter (in den westlichen Vororten Berlins) setzten, boten die typischen Mietskasernen, die von Rentiers, Kaufleuten und Handwerksmeistern aus dem Mittelstand finanziert wurden, vor allem Ein- und Zweizimmerwohnungen mit Toiletten auf halber Treppe für mehrere Parteien. Meist waren auch im Keller Wohnungen eingerichtet. Nach wie vor war es üblich, an sogenannte Aftermieter oder Schlafleute unterzuvermieten, sodass in vielen Wohnungen unerträgliche Enge herrschte. 1871 wohnten in jeder Berliner Wohnung im Durchschnitt 4,6 Personen. 35 Prozent aller Wohnungen umfassten nur ein Zimmer, weitere 35 Prozent waren Zweizimmerwohnungen. Preiswerte Wohnungen mittlerer Größe, die dem Bedarf am ehesten entsprochen hätten, entstanden erst seit den 1880er-Jahren

Der Aufschwung von Industrie und Handel war Mitte des 19. Jh.s überall zu spüren, so hier auf dem Neuen Markt (J. Richter, um 1860)

durch die ersten Wohnungsbaugenossenschaften, teilweise in Verbindung mit einzelnen Fabriken, doch blieb ihr Anteil am Bauvolumen insgesamt gering. Noch 1918 waren 40 Prozent aller Berliner Wohnungen Einzimmerwohnungen, in einzelnen Stadtteilen wie Gesundbrunnen und der östlichen Luisenstadt lag der Anteil bei 60 Prozent.

Auf den Straßen Berlins wurden die Pferdeomnibusse in den 1860er-Jahren durch Pferdeschienenbahnen abgelöst, die wesentlich schneller vorwärtskamen. Dagegen entwickelte sich die Dampfeisenbahn auf dem Kurfürstendamm zum Verkehrshindernis und verschwand bald wieder.

Anhang

Personenregister

Friedrich III., König von Preußen und deutscher Kaiser 43

Friedrich III., Kurfürst von Brandenburg, als Friedrich I. König in Preußen 42, 103, 104f.

Friedrich IV., Burggraf von Nürnberg, als Friedrich I. Kurfürst von Brandenburg 42

Friedrich Wilhelm I., König in Preußen 42, 108f.

Friedrich Wilhelm II., König von Preußen 43, 120

Friedrich Wilhelm III., König von Preußen 43, 126f., 146f.

Friedrich Wilhelm IV., König von Preußen 43, 138, 175

Friedrich Wilhelm, der Große Kurfürst, Kurfürst von Brandenburg 42, 89, 91, 94, 97, 99f., 103

Friesen, Friedrich 139

Fromm, Paul 69

Gaertner, Eduard 148

Galle, Johann Gottfried 152

Georg Wilhelm, Kurfürst von Brandenburg 42, 88, 89f.

Gerhardt, Paul 103

Gerlach, Leopold von 133

Glaßbrenner, Adolf 148

Gleditsch, Johann Georg 116

Gneisenau, August Wilhelm von 137, 149, 181

Goltz, August Graf von der 139

Gotzkowsky, Johann Ernst 118f.

Graefe, Albrecht von 135

Gruner, Justus von 139

Gustav II. Adolf, König von Schweden 89f.

Hans von Küstrin 75

Hardenberg, Karl August Freiherr/Fürst von 133f.

Hegel, Georg Wilhelm 135, 150, 163

Heine, Heinrich 148

Heinrich I., Herzog von Sachsen, deutscher König 16, 42

Heinrich II., Markgraf von Brandenburg 42

Heinrich IV., König von Frankreich 100

Herz, Henriette 122f., 148

Hinckeldey, Carl Ludwig Friedrich von 177

Hobrecht, James 181

Hoffmann, E. T. A. 148

Hoffmann von Fallersleben, August Heinrich 88

Hoppe, Carl 180

Hornung, Katharina 74

Hufeland, Christoph Wilhelm 135

Humboldt, Alexander von 123, 130, 148

Humboldt, Wilhelm von 123, 132, 134f., 137, 147, 148

Iffland, August Wilhelm 122, 140

Jacoby, Johann 162

Jahn, Ludwig 137, 138, 139, 147

Jaxa (Jacza) von Köpenick 18, 20

Bildquellen

Bildarchiv Preußischer Kulturbesitz: 8f., 15, 16, 19, 21, 27, 29, 30 u.,
32, 39 o., 49, 50 l., 54, 59, 61, 62, 64f., 73, 74, 76, 80, 83, 84, 98 o.,
98 u., 99, 104, 109, 111, 115, 120, 128, 130, 138 u., 142, 144f., 146,
149, 152, 154, 162, 165, 174, 179, 180, 183
Landesarchiv Berlin: 57, 66, 106
Stiftung Preußische Schlösser und Gärten Berlin-Brandenburg: 128, 151
Stiftung Stadtmuseum Berlin: 10, 11, 17, 22f., 37, 44, 77, 136, 148
Wikimedia Commons: 6, 12, 13, 14, 18, 25, 26, 30 o., 31, 34, 35, 36,
39 u., 43, 45, 46, 47, 50 r., 52, 60, 67, 69, 70, 75, 79, 85, 86 o.,
86f. u., 89 o., 89 u., 90 o., 90 u., 91, 92f., 95, 101, 102 o., 102 u.,
105, 107 o., 107 u., 108, 110, 113 o., 113 u., 116, 117 o., 117 u., 118,
119, 122f., 123 u., 124 o., 124 u., 127, 129, 131, 132, 135, 138 o.,
139, 140, 141, 147, 150, 156, 158, 160f., 164, 167, 168, 169, 171,
173